IT kompakt

EBOOK INSIDE

Die Zugangsinformationen zum eBook Inside finden Sie am Ende des Buchs.

Die Bücher der Reihe „IT kompakt" zu wichtigen Konzepten und Technologien der IT:

- ermöglichen einen raschen Einstieg,
- bieten einen fundierten Überblick,
- eignen sich für Selbststudium und Lehre,
- sind praxisorientiert, aktuell und immer ihren Preis wert.

Enno Walter

Schnelleinstieg Requirements Engineering - Die 10 goldenen Regeln

Springer Vieweg

Enno Walter
Hillerse, Deutschland

ISSN 2195-3651 ISSN 2195-366X (electronic)
IT kompakt
ISBN 978-3-658-51997-1 ISBN 978-3-658-51998-8 (eBook)
https://doi.org/10.1007/978-3-658-51998-8

Die Deutsche Nationalbibliothek verzeichnet diese Publikation in der DeutschenNationalbibliografie; detaillierte bibliografische Daten sind im Internet über https://portal.dnb.de abrufbar.

Planung/Lektorat: Petra Steinmüller
Springer Vieweg ist ein Imprint der eingetragenen Gesellschaft Springer Fachmedien Wiesbaden GmbH und ist ein Teil von Springer Nature.
Die Anschrift der Gesellschaft ist: Abraham-Lincoln-Str. 46, 65189 Wiesbaden, Germany

Vorwort

Professionelles Requirements Engineering ist der Schlüssel für erfolgreiche Entwicklungsprojekte. Dieses Buch fasst die wesentlichen Prinzipien, Methoden und Best Practices so kompakt und praxisorientiert zusammen, dass sie im Projektalltag sofort nutzbar sind und einen Schnelleinstieg ins Requirements Engineering ermöglichen.

Dieses Buch richtet sich an Requirements Engineering Einsteiger, die schnell umsetzbares Wissen suchen. Einige erfahrene Praktiker werden daher an einzelnen Stellen eine ausführlichere Behandlung kennen – doch gerade die Konzentration auf das Wesentliche macht diesen Leitfaden schnell, leicht und unmittelbar einsetzbar.
Um den roten Faden zu stärken und alle Regeln greifbar zu machen, begleitet ein durchgängiges fiktives Beispiel, die Entwicklung einer USB-Webcam, die Leserinnen und Leser von Regel 1 bis 10.

Die Inhalte basieren auf vielen Jahren Erfahrung, insbesondere im Automotive-Sektor, und spiegeln typische Herausforderungen wider, die Teams täglich beschäftigen: unklare Erwartungen, fehlende Struktur, unzureichende Prüfbarkeit, mangelnde Rückverfolgbarkeit.

Besonderer Dank gilt meinem langjährigen Kollegen Christian Tonn, der durch zahlreiche Diskussionen, kritische Rückfragen und wertvolle Perspektiven maßgeblich dazu beigetragen hat, dieses Buch zu schärfen. Seine fachliche Expertise aus über 25 Jahren Berufspraxis und daraus resultierenden Fokus auf Klarheit und Praxistauglichkeit haben einen großen Teil zur Qualität dieses Leitfadens beigetragen.

Vom Praktiker für Praktiker.
In diesem Sinne viel Spaß beim Lesen!

Interessenkonflikt Der/die Autor*in hat keine relevanten Interessenskonflikte im Zusammenhang mit dieser Publikation.

Ziel dieses Buches

Dieses kompakte Buch vermittelt das Wesentliche für die tägliche Arbeit im Requirements Engineering (RE) – prägnant, praxisnah und sofort anwendbar. Es richtet sich an alle, die im Projektalltag schnell nachschlagen, Entscheidungen treffen und Anforderungen sauber formulieren wollen. Dieses Buch fokussiert bewusst auf kompakte, praxisnahe Leitlinien ohne große theoretische Umwege. Der Schwerpunkt liegt bewusst auf klaren Regeln, einfachen Entscheidungshilfen und kurzen Hinweisen zur Vertiefung.

Die Grundidee ist simpel:
Jedes Produkt entsteht, um Erwartungen und Bedürfnisse zu erfüllen. Kundenzufriedenheit - und auch dein Stolz als Hersteller - entstehen, wenn dein Produkt die Erwartungen erfüllt; Begeisterung, wenn sie übertroffen werden.

Wer ein System oder Produkt entwickeln will, das zuverlässig funktioniert und überzeugt, kommt an professionellem Requirements Engineering nicht vorbei.
Ohne klare, messbare und nachvollziehbare Anforderungen bleiben Ergebnisse dem Zufall überlassen – egal, ob das Ziel maximale Kundenzufriedenheit, regulatorische Konformität oder schlicht wirtschaftlicher Erfolg ist. Professionelles RE schafft die Transparenz, die nötig ist, damit alle Beteiligten dasselbe Verständnis haben – und am Ende ein Produkt entsteht, das genau das liefert, was es liefern soll.

Ein alltagsnahes Beispiel zeigt, wie schnell Erwartungen verfehlt werden können: Meine Eltern kauften einen hochwertigen Wasserkocher. Nach der ersten Nutzung sammelte sich Wasser auf der Bodenplatte – für sie ein klarer Hinweis auf eine Undichtigkeit. Das Ersatzgerät zeigte dasselbe Verhalten. Die Antwort des Herstellers: „Das ist so designt." Tatsächlich liefen die Tropfen außen am Gehäuse herunter, weil die Konstruktion des Ausgusses kein tropffreies Ausgießen ermöglicht.
Die funktionale Anforderung – dass der Wasserkocher Wasser ausgießen kann – wurde erfüllt. Was jedoch fehlte, war die nicht-funktionale Qualitätsanforderung: dass er dies *tropffrei* tun muss, ohne dass Wasser außen am Gehäuse herunterläuft. Menschen erwarten intuitiv genau dieses Verhalten – wie bei

jeder Teekanne, Kaffeekanne oder jedem anderen Gefäß, das seit Jahrtausenden zum Ausgießen genutzt wird. Und dennoch werden heute noch Produkte entwickelt, die dieses grundlegende Erwartungsmuster ignorieren.
Genau hier setzt professionelles Requirements Engineering an: es macht solche impliziten Bedürfnisse sichtbar, ordnet sie im Systemkontext ein, und übersetzt sie in klare, messbare Anforderungen – damit solche Fehler gar nicht erst entstehen.

Hinweis zur Branchenvielfalt:
Requirements Engineering wird branchenübergreifend eingesetzt – von Automotive über Medizintechnik und Luftfahrt bis hin zu Logistik und vielen weiteren Bereichen. Jede Branche hat eigene Normen, Prozesse und Besonderheiten. Die Prinzipien in diesem Buch sind daher bewusst universell formuliert und lassen sich unabhängig vom Industriekontext anwenden.
Mein beruflicher Schwerpunkt liegt zwar im Automotive-Sektor, weshalb einige Beispiele diesen Hintergrund widerspiegeln. Die zugrunde liegenden Regeln basieren jedoch auf allgemeingültigen RE-Grundsätzen, die für Software, Hardware, Systeme und Dienstleistungen gleichermaßen funktionieren.

Inhaltsverzeichnis

Abbildungsverzeichnis

Tabellenverzeichnis

1 Grundlagen der RE-Dokumentation

1.1 Warum ist Dokumentation essenziell

Warum ist das wichtig?
Dokumentierte Anforderungen sind das Fundament jedes erfolgreichen Projekts. Sie schaffen Transparenz, sichern Wissen und bilden die gemeinsame Basis für alle Stakeholder. Dadurch verhindern sie Missverständnisse und Wissensverlust, insbesondere bei komplexen Projekten oder wechselnden Teams. Anforderungen sind oft Bestandteil von Verträgen und sollten daher immer dokumentiert sowie einem freigegebenen Änderungsprozess unterzogen werden.
Eine professionelle Dokumentation umfasst Versionierung und Baselines. Sie bildet die Grundlage für Traceability im V-Modell und ermöglicht die Erfassung von Metriken, Erstellung von Dashboards sowie die Überprüfbarkeit. Nur so können Anforderungen sinnvoll und effizient priorisiert, überprüft, validiert und verifiziert werden. Dies gestaltet den gesamten Lebenszyklus von der Entstehung bis zur Umsetzung und kontinuierlichen Verbesserung nachvollziehbar.
In regulierten Branchen – etwa nach SPICE/ASPICE – ist eine lückenlose Dokumentation sogar Pflicht. Sie schafft rechtliche Sicherheit, ist Grundlage für Audits und schützt vor Streitfällen. Änderungen lassen sich nur dann kontrolliert, priorisiert und nachvollziehbar managen, wenn die Ausgangsanforderungen schriftlich dokumentiert sind. Diese dienen als Grundlage für Design, Implementierung, Test und Compliance. Die Wahl geeigneter Tools unterstützt diesen Prozess und sichert die Qualität der Dokumentation. Gleichzeitig ermöglichen sie eine schnellere und verlässlichere Abschätzung von Aufwand und Kosten, da Informationen konsistent und strukturiert vorliegen.

Dokumentation im KI-Zeitalter
Saubere Dokumentation ist heute nicht nur für Transparenz und Nachvollziehbarkeit wichtig, sie ist die Grundlage dafür, dass KI im Requirements Engineering überhaupt funktionieren kann.

E. Walter, *Schnelleinstieg Requirements Engineering – Die 10 goldenen Regeln*, IT kompakt, https://doi.org/10.1007/978-3-658-51998-8_1

Damit KI zuverlässig unterstützt, braucht sie:

- **Strukturierte Anforderungen**
  → *siehe Regel 3: Attribute & Satzschablone*
  KI erkennt Muster nur, wenn Anforderungen einheitlich aufgebaut sind.
- **Vollständig gepflegte Pflichtattribute**
  → *siehe Regel 5: Kategorisierung*
  KI kann nur solche Daten analysieren, die vollständig und normiert vorliegen (Typ, Status, Kriterien).
- **Eindeutige Rückverfolgbarkeit**
  → *siehe Regel 4: Traceability*
  KI-gestützte Impact-Analysen funktionieren nur auf klaren Linkbeziehungen.
- **Versionierte, stabile Anforderungen**
  → *siehe Regel 6: Review & Freigabe*
  KI darf nicht auf veraltete oder inkonsistente Daten treffen.
- **Zentrale, konsistente Ablage statt Insellösungen**
  → *siehe Abschnitt „Werkzeuge und Methoden"*
  KI benötigt eine einzige vertrauenswürdige Datenquelle – kein Excel, keine Kopien.

Wichtig
Eine hochwertige Dokumentation ist nicht nur organisatorisch notwendig – sie ist die technische Voraussetzung dafür, dass KI überhaupt sinnvoll eingesetzt werden kann.

Tipps

- Einfache Werkzeuge: Textverarbeitung oder Tabellenkalkulation für kl. Projekte
- Benutze standardisierte Vorlagen, Checklisten
- Nutze spezialisierte Werkzeuge (siehe Werkzeuge und Methoden passend auswählen)
- Nutze Werkzeuge, die bei der bidirektionalen Traceability unterstützen
- Nutze Werkzeuge mit automatisierten Review-Workflow
- Nutze Werkzeuge die Anforderungen versionieren und Baselines setzen können

Quick Win
Lege eine zentrale, für alle Beteiligten zugängliche Ablage an und definiere Namensschema, Versionierung und Baselines.

Eine zentrale, strukturierte Ablage ist jedoch nicht nur für Ordnung und Transparenz wichtig – sie bildet die technische Grundlage dafür, dass Anforderungen über den gesamten Entwicklungsprozess hinweg zuverlässig rückverfolgt werden können. Genau diese Rückverfolgbarkeit ist ein Kernelement des V-Modells und ist Thema des nächsten Abschnittes.

1.2 Das V-Modell

Warum ist das wichtig?
Das V-Modell beschreibt den grundlegenden Ablauf eines Entwicklungsprojekts. Auf der linken Seite werden Produkt und Anforderungen definiert, auf der rechten Seite wird nachgewiesen, dass die Umsetzung korrekt ist und den vorgesehenen Zweck erfüllt. Requirements Engineering bildet dabei das Rückgrat der linken Seite und ermöglicht eine saubere Verifikation und Validierung.
Das V-Modell ist eines von mehreren etablierten Prozessmodellen (z. B. VDI/VDE 2206, V-Modell XT, Automotive SPICE). Trotz unterschiedlicher Ausprägungen folgt es immer derselben Kernlogik:

Links definieren – rechts nachweisen.

Der rechte Ast liefert die entscheidende Rückmeldung an den linken Ast:
Testfälle, Testergebnisse, Validierungsergebnisse und insbesondere Fehlertickets machen sichtbar, wo Anforderungen nachgeschärft werden müssen, sei es aufgrund unklarer Formulierungen, falscher Annahmen oder neu erkennbarer Bedarfe.
Diese Rückkopplungsschleife verhindert, dass Fehler im System bleiben, und stärkt die Qualität der Spezifikation. Sie funktioniert jedoch nur, wenn zuvor eine konsistente Rückverfolgbarkeit (Traceability) hergestellt wurde (dazu später mehr in Regel 4).

Das V-Modell dient als Orientierung: Die wichtigsten goldenen Regeln sind eingeordnet, wobei Regel 10 (Änderungen kontrolliert managen) bewusst weggelassen wurde, da sie alle anderen Regeln übergreifend betrifft.
Die Verbindungslinien im Diagramm zeigen die Traceability.

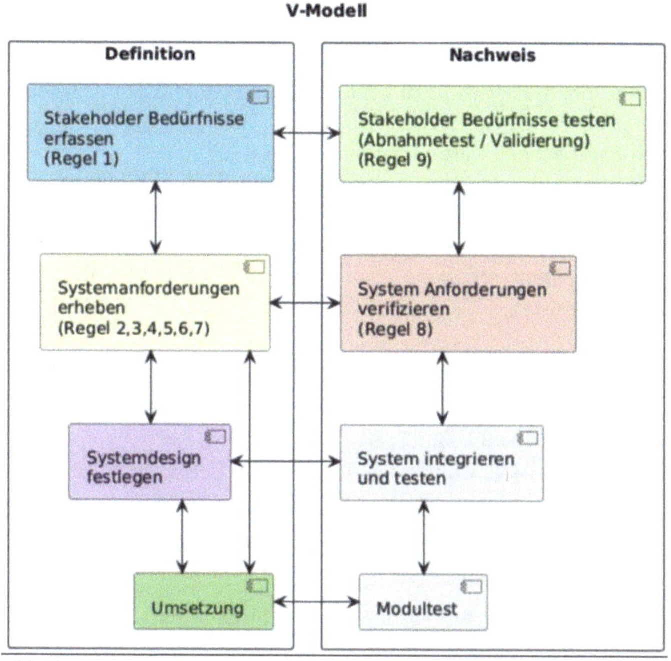

V-Modell

Definition	Nachweis
Stakeholder Bedürfnisse erfassen (Regel 1)	Stakeholder Bedürfnisse testen (Abnahmetest / Validierung) (Regel 9)
Systemanforderungen erheben (Regel 2,3,4,5,6,7)	System Anforderungen verifizieren (Regel 8)
Systemdesign festlegen	System integrieren und testen
Umsetzung	Modultest

Abbildung 1-1 Das V-Modell

1.3 Kommunikation und Zusammenarbeit fördern

Warum ist das wichtig?
Gute Kommunikation ist der zentrale Erfolgsfaktor im Requirements Engineering. Sie sorgt dafür, dass alle Beteiligten dasselbe Verständnis teilen, Entscheidungen nachvollziehbar bleiben und Wissen nicht verloren geht.
RE ist kein rein technischer Vorgang – es ist ein sozialer Prozess, der davon lebt, dass Menschen Informationen austauschen, Erwartungen abgleichen und gemeinsam Klarheit schaffen.
Fehlende oder unklare Kommunikation führt zu Missverständnissen, unnötigen Zyklen im Entwicklungsprozess, falschen Entscheidungen und Qualitätsverlust. Verlässliche Kommunikation bildet daher die Grundlage für stabile Anforderungen, effiziente Zusammenarbeit und einen robusten Gesamtprozess.

Tipps

- Kommunikationswege definieren:
  Lege von Beginn an
  fest, *wie*, *wo* und *womit* kommuniziert wird. Gemeinsame Kanäle, Protokolle und einheitliche Ablagen verhindern Wissensinseln und sorgen für Transparenz.
- Strukturierte Abstimmungen durchführen:
  Regelmäßige Meetings, Workshops und kurze Synchronisationen stellen sicher, dass alle denselben Informationsstand haben. Entscheidungen und offene Punkte müssen dokumentiert werden (z.B. Confluence) – kurz, prägnant, nachvollziehbar.
- Kollaborative Werkzeuge nutzen:
  Verwende Tools (z.B. Sharepoint), die gemeinsames Arbeiten unterstützen: gemeinsame Dokumente abgestimmte Ablagestrukturen, Versionierung und klare Review-Workflows. Ein Tool ersetzt nicht die Kommunikation – es verstärkt sie, wenn es konsequent genutzt wird.

- Rollen und Verantwortlichkeiten sichtbar machen:
  Damit Kommunikation funktioniert, muss klar sein, wer informiert, wer entscheidet und wer Ergebnisse freigibt. Diese Rollen sollten früh definiert und allen Beteiligten transparent gemacht werden.
- Missverständnisse aktiv vermeiden:
  Stelle früh sicher, dass Begriffe, Annahmen und Ziele einheitlich verstanden werden. Wiederhole wichtige Punkte, visualisiere komplexe Inhalte und frage aktiv nach, wenn etwas unklar ist.

Quick Win
Definieren Sie eine gemeinsame Wissensplattform für das gesamte Projekt („hier findet man alles“). Legen Sie klar fest, wer welche Rechte, Rollen und Review-Pflichten im RE-Tool hat. Das bildet den direkten Input für das Tool-Setup des nächsten Schrittes.

1.4 Metriken im Requirements Engineering

Warum ist das wichtig?
Metriken steuern den RE-Prozess, machen Qualität sichtbar und ermöglichen objektive Entscheidungen. Sie zeigen früh, ob Anforderungen klar genug sind, ob Risiken bestehen und ob der Prozess stabil funktioniert.
Sie ermöglichen nicht nur Transparenz über den aktuellen Reifegrad der Anforderungen, sondern bilden zugleich die Basis für einen kontinuierlichen Verbesserungsprozess (KVP). Erst wenn Qualität messbar ist, kann sie systematisch gesteuert und nachhaltig verbessert werden.

Man kann sie in zwei Gruppen von Leistungsmerkmalen (Key Performance Indicators - KPIs) unterteilen:

1. Leistungsmerkmale,
   die nur die Anforderung selbst betreffen
2. Leistungsmerkmale,
   die eine konsistente Rückverfolgbarkeit benötigen und auf dem V-Modell basieren

Wichtig
Nur was messbar ist, kann gesteuert und nachweislich verbessert werden. Werden Metriken erst spät eingeführt, fehlt in der frühen Projektphase eine belastbare Datengrundlage: Qualitätsprobleme werden später erkannt, Korrekturen sind teurer, und Entscheidungen basieren eher auf Annahmen als auf Fakten.
Lege die relevanten Metriken so früh wie möglich fest.
Nur dann werden Abweichungen frühzeitig sichtbar und können mit geringem Aufwand korrigiert werden.

Leistungsmerkmale bezogen auf die Anforderung:
Diese Kennzahlen messen die Qualität der Anforderung, unabhängig davon, ob bereits Testfälle oder Designartefakte existieren.

- **Genehmigungsstatus**
  Reifegrad der Spezifikation: Wie viele Anforderungen sind genehmigt, wie viele befinden sich noch im Entwurf oder Review?
  Warum ist das wichtig? Nur genehmigte Anforderungen dienen als stabile Grundlage für Architektur, Umsetzung und Test. Die formale Überprüfung der Anforderungen ist in Regel 6 beschrieben.
- **Vollständigkeit der Pflichtattribute**
  Sind alle notwendigen Attribute gepflegt (siehe Regel 3 und Regel 5)?
  Warum ist das wichtig? Vollständige Attribute sind Voraussetzung für Prüfbarkeit, Konsistenz, Filterbarkeit und maschinelle Auswertbarkeit.
- **Review Mängel**
  Wie viele und welche typischen Fehlerarten wurden während der Überprüfung der Anforderungen gefunden?
  Warum ist das wichtig? Sie zeigen, wo und warum Anforderungen instabil oder unklar sind. Damit liefern sie den direkten Input für kontinuierliche Verbesserung.

KPIs aus der Rückverfolgbarkeit (Traceability) – basierend auf dem V-Modell
Diese Leistungsmerkmale bewerten nicht die Anforderung selbst, sondern ihren Weg durch das V-Modell. Sie zeigen, ob Anforderungen konsistent abgeleitet, umgesetzt, getestet und schließlich validiert wurden.

- **Traceability Bedürfnis und Systemanforderung**
  Welcher Anteil der dokumentierten Stakeholder Bedürfnisse ist mit mindestens einer Systemanforderung zugeordnet?
  Warum ist das wichtig? Es zeigt, ob alle Bedürfnisse berücksichtigt wurden. Eine Überprüfung der Rückverfolgbarkeit (Regel 6) und Konsistenz dient der Aufdeckung möglicher vergessener Aspekte.
- **Traceability Systemanforderung und Test**
  Wie viele genehmigte Anforderungen sind mindestens mit einem Testfall abgedeckt?
  Warum ist das wichtig? Ohne Test ist eine Anforderung nicht verifizierbar. Fehlende Tests führen zu später Fehlerentdeckung. Der Test prüft, ob die Anforderung durch Design und Umsetzung korrekt realisiert wurde.
- **Traceability Anforderung und Architektur / Design**
  Sind die Anforderungen mindestens einem Architektur Element zugeordnet?
  Warum ist das wichtig? Die Architektur bestimmt maßgeblich, wie eine Anforderung umgesetzt werden kann und welche Komponenten und Schnittstellen von der Anforderung beeinflusst werden. Nur so ist eine effektive Auswirkungsanalyse (Impact Analysis) bei Änderungen möglich.
- **Traceability Anforderung und Umsetzungsartefakt**
  Ist jede genehmigte Anforderung mit einem Umsetzungsartefakt (Story, Task) verlinkt? Warum ist das wichtig? Nur so ist eine Aussage möglich, ob die Umsetzung der Anforderung geplant, sich in Umsetzung befindet, oder bereits umgesetzt ist.

Die folgende Übersicht fasst die beiden Gruppen von Metriken – anforderungsbezogene KPIs und Traceability-KPIs entlang des V-Modells – kompakt zusammen und visualisiert ihre Zusammenhänge auf einen Blick.

Typische Metriken im Requirements Engineering

- RE Metriken
  - KPIs bezogen auf die Systemanforderung
    - Genehmigungsstatus
    - Vollständigkeit der Pflichtattribute
    - Review-Mängel
  - KPIs aus der Rückverfolgbarkeit (V-Modell-basiert)
    - Bedürfnis → Systemanforderung
    - Systemanforderung → Test
    - Systemanforderung → Architektur
    - Systemanforderung → Umsetzung

Abbildung 1-2 RE Metriken

Warum diese Metriken in der Praxis manchmal schwierig sind

Theorie: einfach. Praxis: komplex.
Daten, Tools und Prozesse müssen perfekt zusammenspielen – und genau das tun sie selten.

Typische Stolpersteine:

- **Verteilte Tools:** Anforderungen, Architektur, Tests, etc. in verschiedenen Systemen.
- **Lückenhafte Traceability:** fehlende oder inkonsistente Verknüpfungen.

Wichtig
Die Metrik ist nur so gut wie Datenqualität, Traceability und Tool-*Disziplin.*

Merke
Das V-Modell definiert, **welche Artefakte entstehen**.
Die Tools legen fest, **wo sie entstehen**.
Die Metrik prüft, **ob beides zusammen funktioniert**.

Tipp
Es lohnt es sich, mit einer kleinen, beherrschbaren Metrik zu starten, bevor komplexe KPIs eingeführt werden.

Quick Win
Starte zuerst mit einer überschaubaren Metrik, die die Leistungskennzahlen der Anforderungen selbst zeigt, z. B.

- Genehmigungsstatus
- Vollständigkeit der Pflichtattribute

Anschließend ergänzt man weitere KPIs. Aktualisiere sie regelmäßig, so wird die Reife und Stabilität deiner Anforderungen sofort sichtbar.

Die Leistungskennzahlen liefern die nötige Transparenz – jetzt gilt es, diese Erkenntnisse konsequent in Verbesserungen umzusetzen.
Damit beginnt der nächste Abschnitt:
Qualität sichern – und kontinuierlich verbessern.

1.5 Qualität sichern - und kontinuierlich verbessern

Professionelles Requirements Engineering stellt nicht nur sicher, dass ein System funktioniert, sondern wie gut, wie zuverlässig und wie nutzerzentriert es funktioniert. Qualität entsteht nicht zufällig, sondern durch einen strukturierten, datenbasierten Verbesserungsprozess, der auf klaren Methoden, geeigneten Werkzeugen und verlässlichen Metriken basiert.

Der kontinuierliche Verbesserungsprozess (KVP) bildet dabei den Rahmen:

- Veränderung wollen
  (als Voraussetzung für Verbesserung).
- Daten erfassen (messen).
- Maßnahmen ableiten.
- Wirksamkeit prüfen (messen).
- Standardisieren.

Warum das wichtig ist:

- Qualitätsmängel entstehen meist früh,
  und *wirken spät teuer*.
- Objektive Daten ersetzen Bauchgefühl,
  und verhindern Fehlentscheidungen.
- Klare KVP-Zyklen stärken Zusammenarbeit,
  Transparenz und Produktreife.
- Branchenübergreifend Pflicht
  (z. B. ISO 9001, IATF 16949, ASPICE).

1.5.1 Qualitätsmethoden

Qualitätsmethoden sind systematische Vorgehensmodelle, die strukturiert Ursachen analysieren, Risiken sichtbar machen und Verbesserungen ableiten. Sie dienen dazu, abstrakte Probleme in konkrete, überprüfbare Anforderungen oder Maßnahmen zu überführen.

Typische Qualitätsmanagement (QM) Methoden im Requirements Engineering:

FMEA – Fehlermöglichkeits- und Einflussanalyse
Systematische Risikoanalyse zur Identifikation von Fehlermodi, Ursachen und Auswirkungen.
Hervorragend geeignet, um Qualitätslücken zu erkennen und neue oder präzisere Anforderungen abzuleiten.

QFD – Quality Function Deployment
Methode zur Übersetzung von Stakeholder-Bedürfnissen in technische Merkmale (Anforderungen).
Hilft, Anforderungen eng an den Kundennutzen auszurichten.

1.5.2 Qualitätswerkzeuge

Werkzeuge sind analytische oder visualisierende Hilfsmittel, die Methoden unterstützen und Ergebnisse sichtbar, messbar oder priorisierbar machen.
Typische Qualitätsmanagement (QM) Werkzeuge im Requirements Engineering:

Pareto-Diagramm
Zeigt, welche Fehlerarten am häufigsten auftreten.
Ideal zur Priorisierung im KVP.

Ishikawa-Diagramm
Ursache-Wirkung-Diagramm zur strukturierten Analyse typischer Einflussfaktoren (Mensch, Maschine, Methode, Material, Umwelt, Messung). Es unterstützt die tiefe Ursachenanalyse.

Die beschriebenen QM-Methoden und Werkzeuge im Requirements Engineering:

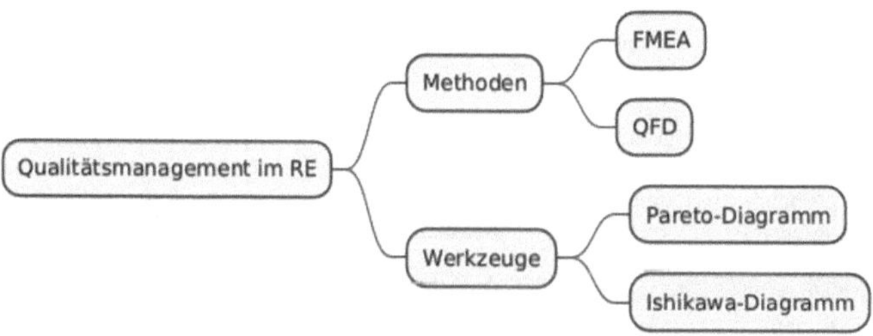

Abbildung 1-3 QM Werkzeuge und Methoden

1.5.3 Vertiefung: FMEA als Qualitätsmethode

In diesem Buch wird die FMEA vereinfacht dargestellt. Sie unterstützt die Definition der Anforderungen und des Systemverhaltens, sowie der Risikobetrachtung.

Die FMEA bewertet systematisch:

1. Was könnte Unerwünschtes passieren? (Fehlermodus)
2. Warum passiert es? (Ursache)
3. Was passiert dann? (Auswirkung)
4. Welche Maßnahmen verhindern den Fehlermodus?

Für das Requirements Engineering ist die FMEA besonders hilfreich, weil sie Qualitätslücken sichtbar macht, aus denen *neue oder präzisere Anforderungen* entstehen.

Zur Illustration dient das bereits in der Einführung verwendete Beispiel des Wasserkochers:

Fehlermodus	**Ursache**	**Auswirkung**	**Mögliche Maßnahme / abgeleitete Anforderung**
Wasserkocher läuft ohne Wasser (Trockenlauf)	Keine Füllstands-erkennung; Bedienfehler	Überhitzung, Brandgefahr, Geräteschaden	*System muss Trockenlaufschutz besitzen und vor dem Einschalten prüfen, ob ausreichend Wasser vorhanden ist.*
Kochendes Wasser tropft beim Ausgießen	Ausguss-geometrie ungeeignet; keine Tropfkante	Verbrühungs-gefahr; Unzufriedenheit; Reklamationen	*System muss tropffreies Ausgießen gewährleisten; geometrische Prüfung und Heißwassertest ≥ 90 °C.*
Abschalt-Automatik funktioniert nicht zuverlässig	Thermostat ungenau; Fehl-kalibrierung	Überkochen; Überhitzung, Geräteschaden, Brandgefahr	*System muss bei Erreichen von 100 °C in ≤ 1 s abschalten; doppelte Temperaturüberwachung.*

Tabelle 1-1 FMEA Wasserkocher

1.5.4 Vertiefung: Pareto als Qualitätswerkzeug

Das Pareto-Diagramm zeigt auf einen Blick, wo die größten Qualitätsprobleme in Anforderungen entstehen. Es ist deshalb besonders wertvoll, weil es:

- wiederkehrende Fehlerarten sofort sichtbar macht,
- eine objektive Grundlage für alle KVP-Entscheidungen liefert,
- und zeigt, wo der Prozess bereits stabil läuft – und wo noch nicht.

Basis dafür sind klar definierte Fehlerarten. Für die reine Veranschaulichung des Pareto-Prinzips (und ohne inhaltlich vorzugreifen) werden im folgenden Beispiel **abstrakte Fehlerkategorien** verwendet (KAT-A bis KAT-D). In einem realen Projekt werden diese Kategorien durch konkret definierte Fehlerarten ersetzt, z.B. entlang der Qualitätskriterien guter Anforderungen (siehe *Regel 3*).

Fehlerkategorie-ID	Fehlerbeschreibung
KAT-A	Mehrere technische Aspekte in einer Anforderung.
KAT-B	Pflichtattribut „funktional/nicht-funktional" nicht befüllt.
KAT-C	Pflichtattribut „Akzeptanzkriterium" nicht befüllt.
KAT-D	Rückverfolgbarkeit zum Bedürfnis nicht vorhanden.

Tabelle 1-2 Fehlerarten

Ziel:
Zeitreihe aufbauen: Jede Zeile = *ein* festgestellter Mangel.

Es wird eine erste Anforderungsüberprüfung (Review, siehe Regel 6) durchgeführt:

Review-ID	Review-Datum	Anforderungs-ID	Fehlerkategorie-ID
RV001	2026-06-10	SYS001	KAT-A
RV001	2026-06-10	SYS002	KAT-A
RV001	2026-06-10	SYS003	KAT-A
RV001	2026-06-10	SYS003	KAT-B
RV001	2026-06-10	SYS004	KAT-B
RV001	2026-06-10	SYS004	KAT-C
RV001	2026-06-10	SYS005	KAT-D

Tabelle 1-3 Review und Fehlerarten

Im folgenden Pareto-Diagramm sind die Fehlerarten (nach Häufigkeit absteigend) der ersten Überprüfung, RV_001, dargestellt:

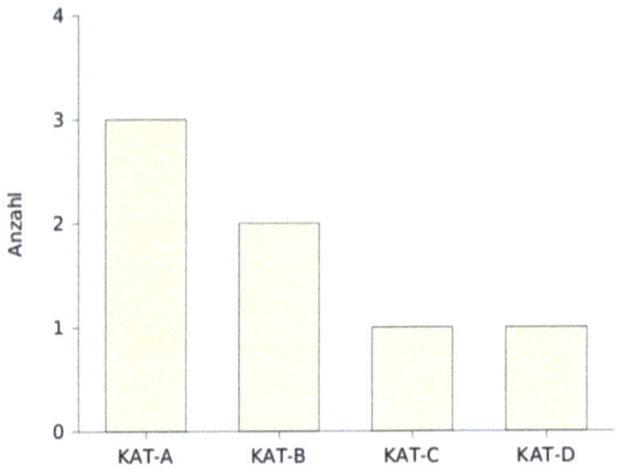

Abbildung 1-4 Pareto RV_001

Auf dieser Grundlage sollte zuerst die Fehlerart mit der höchsten Häufigkeit verbessert werden – anschließend die nachfolgende. Es werden die Maßnahmen M001 und M002 zur Beseitigung der **KAT-A** abgeleitet.

Jede Maßnahme erhält eine eindeutige ID und wird einer konkreten Fehlerart zugewiesen, um später die Wirksamkeit überprüfen zu können. Weitere Attribute wie Datum, Status, Autor sind üblich.

Maßnahme ID	**Kategorie ID**	**Maßnahme (Auszug)**	**Einführung Datum**	**Status**
M001	KAT-A	Satzschablone definiert.	2026-06-17	Aktiv
M002	KAT-A	Checkliste angepasst: ein Aspekt pro Anforderung mit konkretem Beispiel beschrieben.	2026-06-17	Aktiv

Tabelle 1-4 Maßnahmen pro Fehlerart

Es wird ein zweites Review RV_002 durchgeführt:

Review-ID	Review-Datum	Anforderungs-ID	Fehlerkategorie-ID
RV002	2026-01-24	SYS003	KAT-A
RV002	2026-01-24	SYS004	KAT-B
RV002	2026-01-24	SYS004	KAT-C
RV002	2026-01-24	SYS005	KAT-B
RV002	2026-01-24	SYS006	KAT-D

Tabelle 1-5 Review und Fehlerarten 2

Im folgenden Pareto-Diagramm sind die Fehlerarten der zweiten Überprüfung (Review RV_002) dargestellt:

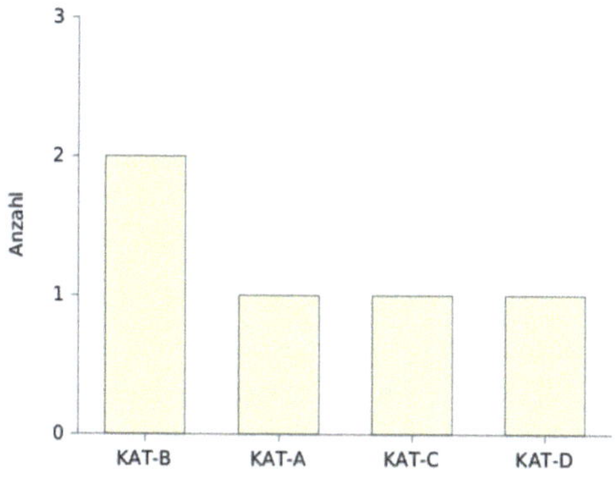

Abbildung 1-5 Pareto RV_002

Die Maßnahmen für **KAT-A** zeigen Wirksamkeit. Jetzt standardisieren und die Verbesserung verbindlich machen. Der Prozess beginnt von vorne, Maßnahmen für **KAT-B** ableiten, Wirksamkeit prüfen und zum Standard machen.

Das Beispiel bestätigt die Grundidee des KVPs:
Daten messen.
Gezielt Maßnahmen ableiten.
Wirksamkeit prüfen.
Anschließend konsequent danach arbeiten – als Standard.

1.5.5 KVP als systematischer Verbesserungsprozess

Methoden und Werkzeuge entfalten ihren Wert erst, wenn sie in einen messbaren Verbesserungsprozess eingebettet werden

Die 6 Schritte des KVPs:

1. Problem präzise beschreiben
   IST/SOLL, Häufigkeit, Auswirkungen.
2. Ursache finden
   5-Why, Pareto, Ishikawa, Datenanalyse.
3. Maßnahme definieren
   Messbar, eindeutig, wirkungsorientiert.
4. Umsetzen & dokumentieren
   Verantwortlichkeiten, Fristen, Artefakt-Updates.
5. Wirksamkeit prüfen
   Messpunkte vergleichen, Regression, Metriken.
6. Standardisieren
   Templates, Checklisten, Tool-Konfiguration aktualisieren.

Tipps

- Nutze ein Tool-gestütztes Vorgehen damit Anforderungen, Reviews und Traceability klar geführt und für alle nachvollziehbar sind.
- Analysiere regelmäßig die Daten, um den Prozess gezielt zu analysieren und Verbesserungen datenbasiert umzusetzen (Durchlaufzeiten, Fehlertickets, die auf unzureichende oder fehlende Anforderungen weisen, ...).
- Überarbeite Vorlagen, Checklisten, Schulungen und Workflows in kleinen Schritten, sobald typische Fehler sichtbar werden.
- Teile Best Practices und Verbesserungsvorschläge im Team und führe kleine Lessons-Learned-Workshops durch (gemeinsames Verständnis verbessert die Anforderungsqualität).

Quick Win
Wähle eine kleine, klar abgegrenzte RE-Aktivität und verbessere sie gezielt – z. B. prüfe fünf vorhandene Anforderungen auf typische Qualitätsmängel wie unklare Formulierungen, fehlende Akzeptanzkriterien oder doppelte Inhalte.
Dokumentiere die gefundenen Probleme in deiner Review-Mängel-Tabelle und leite daraus eine konkrete Mini-Maßnahme ab.

Die daraus entstehenden Verbesserungen fließen direkt zurück in die vorherigen Schritte ein: Aktualisiere Vorlagen, Checklisten, Attribute, Workflows und deine Dokumentationspraxis - so schließt sich der KVP-Kreis.

1.6 Datenqualität und KI-Lesbarkeit

Warum ist das wichtig?
Die vorherigen Tabellen zu Fehlerarten, Review-Mängeln und Maßnahmen zeigen eines sehr deutlich: Einzelne Einträge entfalten ihren Wert erst dann, wenn sie sauber miteinander verknüpft werden. Eine Fehlerart verweist auf eine betroffene Anforderung; aus dieser entsteht eine Maßnahme; deren Wirksamkeit fließt in die nächste Bewertung zurück.
Damit dieser Kreislauf funktioniert, braucht das Requirements Engineering eine technisch konsistente Datenbasis, die maschinenlesbar, eindeutig strukturiert und vollständig gepflegt ist. Sie ist Grundlage für:

- zuverlässige Rückverfolgbarkeit
- korrekte automatisierte Analysen
- jede KI-gestützte Funktion im RE

Datenbasis und Datenqualität (grundlegende Voraussetzung)
(Bezug zu Regel 3)

Element	**Zweck**	**Beispiel**
Stabile IDs	Maschinenadressierbarkeit & Referenzen	z.B. SYS-001 bleibt immer SYS-001
Vollständige Pflichtattribute	KI muss wissen, welche Felder existieren	Typ, Status, Version, Akzeptanzkriterium
Normierte Werte (Enums - Listeneinträge)	Keine Freitexte, keine Synonyme	Typ = {Funktional, Nicht-funktional}
Einheitliche Satzschablone	KI erkennt Muster und extrahiert Logik	„<System> muss <Fähigkeit> <Bedingung>.“
Linkbeziehungen als Datenmodell	Traceability ist maschinenlesbar	Bedürfnis → Anforderung → Testfall → Ticket

Tabelle 1-6 Datenbasis und Datenqualität

Warum ist das entscheidend für KI?
KI kann Anforderungen nur zuverlässig erzeugen, Attribute setzen, Versionen ändern oder Diagramme (in Skriptsprache z.B. plantUML) generieren, wenn die Datenquelle eindeutig beschreibt:

- welche Felder existieren,
- welche Werte erlaubt sind,
- wie Artefakte miteinander verknüpft sind.

Technische Voraussetzung:
Eine zentrale, API-fähige Datenquelle

Damit KI Daten schreiben, ändern und verlinken kann, braucht sie:

- eine zentrale RE-Datenquelle / RE-Tool
  (keine Kopien, kein Excel/Word)
- MCP (Model Context Protocol)
  API-Zugriff auf alle Artefakte im V-Modell
  (lesen, schreiben, verlinken, versionieren)

Warum ist das unverzichtbar?
KI kann nur dann *aktiv* eingreifen (Anforderungen erzeugen, Attribute ändern, Links setzen), wenn das System technisch beschreibbar und veränderbar ist.
KI kann nur *übergreifend analysieren* (z. B. Fehlerticket → Testfall → Anforderung), wenn alle Daten zentral abgelegt und verlinkt sind.

Fazit: Wie schließt sich der Kreis?
Wenn beide Voraussetzungen (Datenbasis, Qualität und maschinenzugängliche Quelle) erfüllt sind, kann KI:

- Anforderungen aus Chats/Textbausteinen erzeugen
- Attribute automatisch ändern
- Traceability automatisch erzeugen
- z.B. Fehlertickets analysieren und
  auf mangelhafte Anforderungen hinweisen
- KVP datenbasiert unterstützen

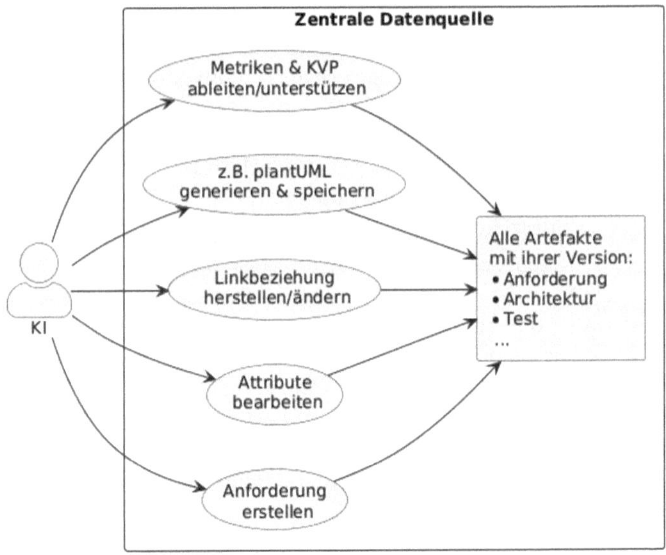

Abbildung 1-6 KI und zentrale Datenquelle

Alle beschriebenen Prinzipien – stabile IDs, vollständige Attribute, normierte Werte, maschinenlesbare Linkstrukturen und API-Zugriff – existieren nicht automatisch.
Sie entstehen nur, wenn das gewählte RE-Tool diese Struktur *erzwingt*.

Damit KI-Funktionen, Traceability und KVP überhaupt funktionieren, muss das verwendete RE-Tool bestimmte Mindestanforderungen erfüllen.
Welche Kriterien ein solches Tool zwingend erfüllen muss, zeigt der nächste Abschnitt: *Werkzeuge und Methoden.*

1.7 Werkzeuge und Methoden passend auswählen

Warum ein geeignetes Tool unverzichtbar ist:
Ohne ein geeignetes Tool landen Anforderungen schnell in Excel-Listen, E-Mails und Word-Dokumenten. Dann gibt es keine stabilen IDs, widersprüchliche Versionen und keine zuverlässige Rückverfolgbarkeit (Traceability). KI braucht aber genau das, um effektiv zu arbeiten und zu unterstützen. Alles, was im Abschnitt Datenqualität und KI-Lesbarkeit beschrieben wurde, führt zu einer einfachen Erkenntnis:

Ohne geeignetes Tool keine Datenqualität. Ohne Datenqualität keine KI. Ohne KI keine Effizienz.

Die folgenden Tool Anforderungen bilden die technische Grundlage für mehrere goldene Regeln: Strukturierung (Regel 3), Rückverfolgbarkeit (Regel 4), Reviews (Regel 6) und Änderungsmanagement (Regel 10).

Die Muss-Kriterien eines RE-Tools

1. Pflichtattribute
   → Jede Anforderung als strukturiertes Datenobjekt, nicht als Freitext (Regel 3).
2. Saubere Traceability
   → Erlaubte Linkrollen und technische Konsistenzprüfungen (Regel 4).
3. Versionierung und Baselines
   → Kein Arbeiten auf veralteten Daten, auditfähig. KI braucht aktuelle Daten (dazu mehr in verschiedenen Regeln wie 6 und 10).
4. Eine zentrale Datenquelle (API-fähig)
   → Keine Kopien, keine Excel-Inseln.
5. Integrierte Metriken und Review-Mängel
   → Qualität messbar, KVP datenbasiert (Fehlerarten, Pareto, Trends)
6. Massenänderung von Anforderungen und ihren Attributen
   → In großen Projekten ist das definitiv eine Arbeits- und Zeitersparnis.
7. Lebenszyklus von Anforderungen
   → Ist eine Anforderung beispielsweise im Status „genehmigt“ müssen Attribute schreibgeschützt sein (dazu mehr in Regel 6).

8. Wiederverwendung von Anforderungen (Reuse)
→ Wiederverwendung von Anforderungen und ihren Attributen in anderen Projekten.

Manchmal ist es hilfreich, wenn Anforderungen durch visuelle Darstellungen ergänzt werden wie Zustandsdiagramme, Ablaufdiagramme oder Betriebszustände.
Hier bieten sich Werkzeuge wie plantUML oder Mermaid an, diese ermöglichen eine schnelle Erstellung solcher Diagramme. Beide setzen auf das Prinzip **„Diagramm als Code“**: Die Diagramme werden in Textform beschrieben und automatisch generiert. Solche Modellierungssprachen sind ideal, wenn Anforderungen oder Konzepte leichtgewichtig dokumentiert werden sollen.
Man könnte diese Diagramme folglich in einem geeigneten RE-Tool einbetten, und auch maschinenlesbar auswerten und generieren lassen. In diesem Buch wurden alle Diagramme bewusst als Code erstellt, um eine nachvollziehbare Dokumentationsbasis zu gewährleisten und um der Leserschaft eine schnelle Wiederverwendung zu ermöglichen.

Ein darauf aufbauender Ansatz ist, Systeme modellbasiert zu entwickeln, diese Vorgehensweise ist als Model Based Systems Engineering (**MBSE**) bekannt. Anhand einer komplexeren Modellierungssprache wie **SysML** lassen sich Anforderungen erfassen und diese in Systemmodelle, Abläufe und vieles mehr überführen. Es folgt damit dem Prinzip **„Architektur als Code“**. SysML unterstützt eine durchgängige Rückverfolgbarkeit, etwa von Anforderungen über Architektur-Elemente bis hin zu Test. Es ist allerdings mehr für die Modellierung des Systems optimiert (stand heute) und nicht für die Massenverarbeitung von Anforderungen.
In der Praxis hat sich von daher oft eine Kombination aus RE-Tool zum Verwalten der Anforderungen (wie IBM Doors Next, Codebeamer) und spezialisiertem Modellierungs-Tool (wie Cameo Systems Modeler oder Enterprise Architect) etabliert.

Für „Diagramm als Code“ und „Architektur als Code“ gilt, sie liegen in Textform vor und sind damit in einer maschinenlesbaren Form – nicht in gezeichneten Bildern.

Wiederverwendung von Anforderungen (Reuse)
Die Wiederverwendung von Anforderungen ist besonders dann wichtig, wenn ähnliche Produkte, Varianten oder Projekte entstehen und die Anforderungen nicht immer neu formuliert werden sollen. Eine effiziente Wiederverwendung ist nur dann möglich, wenn das RE-Tool dies technisch unterstützt und die Anforderungen strukturiert und versioniert erfasst wurden. Die Anforderungen, und das sind in großen Projekten schnell mehrere tausende, müssen effizient erfasst und zur Wiederverwendung genutzt werden können. In der Regel ändert sich dann auch die Rückverfolgbarkeit (siehe Regel 4) zu anderen Artefakten und ihre Attribute müssen gegebenenfalls angepasst werden. Alle wiederverwendeten Anforderungen müssen folglich erneut im Kontext geprüft werden (siehe Regel 6).

Tipps für die Tool-Einführung

- Pflichtfelder aktivieren
  (ID, Typ, Status, Akzeptanzkriterium)
- Traceability erzwingen
  (Architektur ↔ Anforderungen ↔ Test)
- Review-Workflow aktivieren
- Baselines nutzen
- Metriken einschalten (Fehlerarten, Review-Mängel)
- Diagrammunterstützung aktiv nutzen

Welches konkrete Werkzeug oder Kombination von Werkzeugen zum Einsatz kommt, ist organisationsabhängig. Entscheidend ist nicht die Marke des Tools (Polarion, Codebeamer, IBM Doors, PREEvision, Jama Connect, etc.), sondern die Fähigkeit, strukturierte Daten, vollständige Traceability, Versionierung und KI-geeignete Informationen verlässlich zu erzwingen. Diese Tool Anforderungen bilden die technische Grundlage für die goldenen Regeln.

Quick Win

Stelle sicher, dass dein RE-Tool von Beginn an mit einem minimalen, aber sauberen technischen Setup arbeitet: Aktiviere Pflichtattribute, stabile IDs, Versionierung und definierte Enum-Werte, bevor Du die ersten Anforderungen anlegst oder importierst.

Konfiguriere anschließend Traceability-Regeln (z. B. welche Linktypen erlaubt sind) und lege eine erste Baseline an, um zu prüfen, ob dein Tool die grundlegenden Muss-Kriterien zuverlässig erzwingt.

Damit schaffst Du eine technische Basis, auf der alle weiteren RE-Aktivitäten, von Strukturierung über Reviews bis Wiederverwendung, prozesssicher aufbauen.

1.8 Anforderungen mit Lieferanten austauschen

Warum ist das wichtig?

In nahezu allen Entwicklungsprojekten werden Anforderungen nicht nur intern, sondern auch mit Lieferanten, Partnern und externen Entwicklungsdienstleistern ausgetauscht. Ohne einen kontrollierten Austausch entstehen:

- Versionskonflikte
- Unklare Verantwortlichkeiten
- Inkonsistente Anforderungen
- Verzögerungen im Änderungsprozess
- Fehlende Rückverfolgbarkeit über Unternehmensgrenzen hinweg

Ein systematischer Austausch schafft Transparenz, stellt sicher, dass beide Seiten denselben Stand haben, und ermöglicht saubere Verifikation & Validierung über die gesamte Lieferkette.

Für den konsistenten Austausch von Anforderungen zwischen unterschiedlichen Organisationen und Tools hat sich der Requirements Interchange Format (REQIF) etabliert.

Requirements Interchange Format (REQIF)
REQIF ist der Industriestandard für den strukturierten Austausch von Anforderungen zwischen verschiedenen Tools.
Er eignet sich ideal, wenn:

- Lieferant und Hersteller unterschiedliche RE-Tools nutzen
- Attribute, Versionen und Links übertragen werden müssen
- ein klarer, auditierbarer Austausch benötigt wird

Typische Inhalte eines REQIF-Exchanges:

- Anforderungen mit ihren Attributen (ID, Status, …)
- Kommentare & Review-Mängel
- Beziehungen (Traceability)

Roundtrip-Verfahren
Beim Roundtrip werden Anforderungen exportiert, extern verarbeitet und anschließend zurückimportiert.

Wichtig
Nur mit sauberer ID-Stabilität und klar geregelten Verantwortlichkeiten funktioniert das zuverlässig.

Ein typischer REQIF Austausch Ablauf ist im folgenden Diagramm dargestellt:

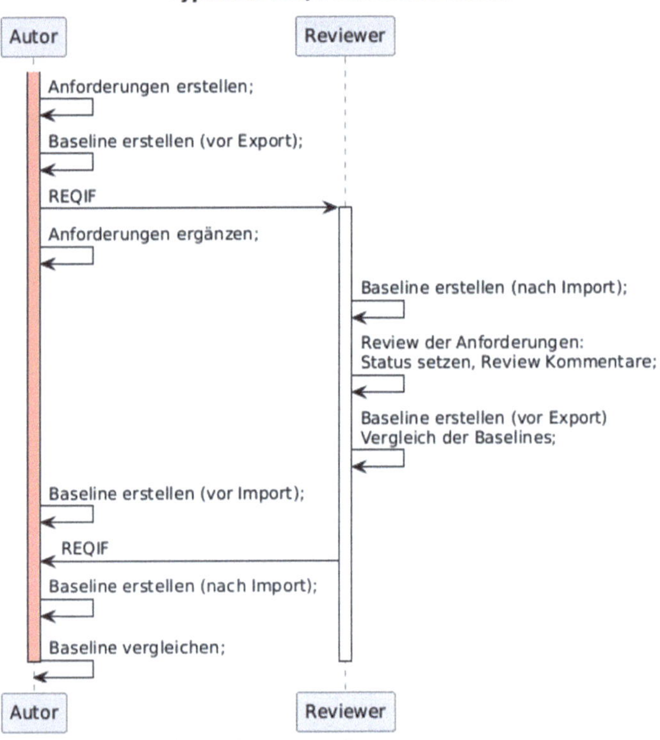

Abbildung 1-7 Typischer REQIF Austausch

Hinweis
Die meisten professionellen Werkzeuge unterstützen REQIF Roundtrips.

Best Practices

1. Klare Verantwortlichkeiten

- Wer erstellt Anforderungen?
- Wer kommentiert Anforderungen?
- Wer genehmigt Änderungen?
- Wer pflegt Traceability über Systemgrenzen hinweg?

2. Gemeinsame Attributdefinitionen
Beide Seiten müssen dieselben Attribute, Wertebereiche und Pflichtfelder verstehen, z. B.:

- Typ (funktional/nichtfunktional)
- Status
- Version
- Akzeptanzkriterium
- Prüfmethode

3. Austauschzyklen definieren
Beispiele:

- Zu jedem Projekt-Meilenstein
- Monatlicher Takt
- Vor Reviews oder Freigaben

4. Baselines nutzen
Eine Baseline pro REQIF-Austausch verhindert Streit über unterschiedliche Versionen und hilft Ihnen den Import und Export zu kontrollieren und überwachen.

Quick Win

- Lege ein gemeinsames Austausch-Template fest (welche Attribute).
- Nutze REQIF Roundtrips, anstelle Word/Excel. Definiere vor dem ersten Austausch: „Wer darf was ändern?“
- Lege ein Archiv an zur Ablage der REQIF (sie gehören zur Projekt Dokumentation).

Die bisherigen Grundlagen schaffen den Rahmen: klare Dokumentation, saubere Zusammenarbeit und messbare Qualität.

Damit steht das Fundament.

Im nächsten Hauptabschnitt zeigen die goldenen Regeln, wie Du dieses Fundament im Projektalltag praktisch anwendest, vom Erfassen der Bedürfnisse bis zur überprüfbaren Anforderung.

Schritt für Schritt lernst du, wie aus noch vagen Stakeholder Bedürfnissen klare Systemgrenzen entstehen, wie daraus präzise Anforderungen formuliert werden und wie ein strukturierter Review-, Traceability- und Priorisierungsprozess die Qualität sichert.

2 Der RE-Prozess (goldene Regeln)

2.1 Regel 1: Stakeholder erfassen und einbinden

Warum ist das wichtig?
Wer alle relevanten Stakeholder frühzeitig identifiziert und einbindet, sorgt für Transparenz, Nachvollziehbarkeit und minimiert Risiken sowie Konflikte. Das ist entscheidend, um vollständige Anforderungen zu erfassen und den Projekterfolg (Einhaltung von z.B. Zeit, Budget, Qualität, Kundenzufriedenheit) nachhaltig zu sichern.
Zuerst müssen die Stakeholder und ihre jeweiligen Bedürfnisse erfasst werden. Stakeholder kann es viele geben, eine Checkliste kann helfen diese zu identifizieren und die Liste einzugrenzen. Eine klare Stakeholder Liste bildet die Grundlage, um Systemgrenzen, Schnittstellen und Kontext später sauber und nachvollziehbar abzuleiten.
Sie stellt sicher, dass alle relevanten Perspektiven berücksichtigt werden und dient dazu:

- Die Vollständigkeit der betrachteten Bedürfnisse sicherzustellen,
- Rollen und Verantwortlichkeiten im Systemkontext sichtbar zu machen,
- Relevante Systembezüge wie Zweck, Interaktionen, Schnittstellen und Einsatzumgebung, sowie sicherheitsrelevante Einflüsse frühzeitig zu erkennen.

Ziel dieser Regel
Alle relevanten Stakeholder identifizieren und deren **Bedürfnisse sammeln** - *ohne* Entscheidungen, *ohne* Scope-Abgrenzung und *ohne* Anforderungen zu formulieren

Was passiert hier NICHT?

- Keine Anforderungen
- Keine Entscheidung „wird Anforderung ja/nein"
- Keine Bewertung oder Priorisierung

E. Walter, *Schnelleinstieg Requirements Engineering – Die 10 goldenen Regeln*, IT kompakt, https://doi.org/10.1007/978-3-658-51998-8_2

Was sind typische Stakeholder:

- Kunden und Nutzer
  - Kunde
  - Auftraggeber
  - Endnutzer
  - Anwender (z. B. Altersgruppen, Nutzungskontexte)
  - Markt (Europa, Nordamerika, China, …)
  - Zielmarkt (z.B. regionale, kulturelle Besonderheiten)
  - Nachbarsysteme (z.B. Cloud)
- Unternehmensinterne Stakeholder
  - Projektleitung, Management, Fachbereiche
  - Architektur, Entwicklung, Produktteam
  - Test (Verifikation und Validierung)
  - Support
  - Service, Wartung, Diagnose, Betrieb, IT
  - Vertrieb, Einkauf
  - Betriebsrat, Arbeitsschutzbeauftragte, Umweltbeauftragte
- Externe Partner und Lieferanten
  - Zulieferer
  - Entwicklungspartner, Plattformbetreiber
  - Logistikpartner
- Compliance
  - Datenschutz
  - Gesetzliche Vorgaben und Verordnungen
  - Zulassungsbehörden, Audit- und Prüfstellen
  - Zertifizierungsstellen
  - Normen und Standards
    - Automotive z.B. ISO 9001, ISO 26262
    - Luftfahrt z.B. DO-178C (Software), DO-254 (Hardware)
    - Medizin z.B. ISO 13485, IEC 60601

Methoden zur Identifikation und Perspektivenerweiterung:

1. Interesse-Einfluss-Matrix

Wobei kann die Methoden helfen?
Sie kann helfen zu erkennen, welche Stakeholder wirklich wichtig sind:
Wer muss intensiv eingebunden werden, wer nur informiert werden muss. Das verhindert Fehlentscheidungen und vergessene Stakeholder.

Wie?

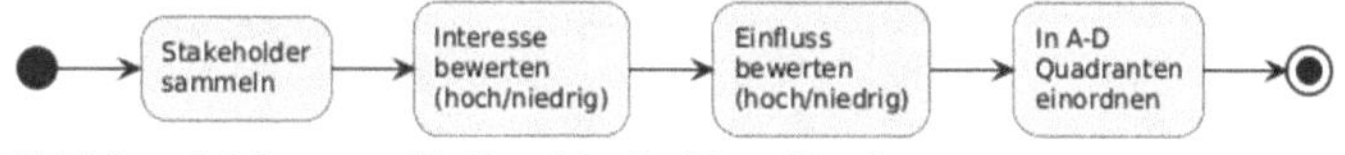

Abbildung 2-1 Interesse Einfluss Matrix (Kurzablauf)

Geeignetes Werkzeug
Excel / Tabellen (Matrix schnell anlegen & bewerten)

Die Interesse-Einfluss-Matrix (A–D) entscheidet NICHT, ob etwas eine Anforderung wird. Sie hilft Dir nur, nicht zu vergessen, wer wichtig ist und wie stark jemand beteiligt werden muss:

	Interesse hoch (am Produkt)	Interesse niedrig
Einfluss Hoch (*auf das Produkt*)	A **intensiv einbinden**: kritische Stakeholder, Nutzer, Auftraggeber, Nachbarsysteme	B **früh informieren, abstimmen**: einflussreiche Rollen, Management, Regulatorik
Einfluss niedrig	C **berücksichtigen**: betroffene Anwender, Support, Produktion, Service	D **beobachten**: Randbeteiligte, geringe Relevanz

Tabelle 2-1 Interesse-Einfluss-Matrix

Eine typische Zuordnung zeigt die folgende Tabelle:

Stakeholder	Interesse	Einfluss	A-D	Bedürfnis / Erwartung
Nutzer / Bediener (Mensch)	Hoch	Hoch	A	Bedienung, Sicherheit
Auftraggeber / Betreiber	Hoch	Hoch	A	Zweck, Nutzen, Kosten
Technische Nachbarsysteme	Hoch	Hoch	A	Daten, Signale, Funktionskopplung
Safety / Risiko	Niedrig	Hoch	B	Risikofreie Funktion, Safety Goals
Regulatorik / Normen (R156, DO-178C, …)	Niedrig	Hoch	B	Normen, Compliance, Zulassung
Produktion / Installation	Hoch	Niedrig	C	Machbarkeit, Einbau, Aufbau
Service / Wartung	Niedrig	Niedrig	D	Diagnose, Zugänglichkeit

Tabelle 2-2 Interesse-Einfluss-Matrix typische Zuordnung

2. Anwendungsfälle (Use Cases) entwickeln
Warum?
Zeigen klar, wie Stakeholder mit dem System interagieren. Ideal zur Ermittlung **funktionaler Bedürfnisse**. Typischerweise bestehend aus Akteur und System, beschrieben mit Nomen und Verb.
Wie?
Nutzerziel beschreiben → Szenario definieren → Schritte, Alternativen und Fehlerfälle festhalten → optional grafisch darstellen (UML Use Case Diagramm).
Geeignete Werkzeuge: UML-Tools (z.B. plantUML)

3. Brainstorming
Warum?
Sammelt schnell viele Sichtweisen und macht implizite Bedürfnisse sichtbar.
Wie?
Kurze Leitfrage → Ideen ohne Bewertung sammeln → danach clustern und zuordnen.
Geeignete Werkzeuge: Flipchart / Post-its / Whiteboard

4. Interviews
Warum?
Liefern tiefe, individuelle Einblicke, echte Pain Points und konkrete Bedürfnisse.
Wie?
Halbstrukturierte Fragen → 1-zu-1 führen → dokumentieren → Aussagen clustern.
Geeignete Werkzeuge: Umfragetools / Excel (strukturierte Notizen & Gesprächsprotokolle)

5. Workshops
Warum?
Erzeugen gemeinsames Verständnis, gleichen unterschiedliche Perspektiven ab und beschleunigen die Bedarfserhebung.
Wie?
Moderieren → gemeinsam sammeln (Canvas, Post-its) → sortieren, priorisieren.

6. Studien, Marktdaten & Recherchen
Warum?
Bieten objektive, empirische Erkenntnisse zu Nutzern, Trends und Märkten – ideal zur Validierung von Hypothesen.
Wie?
Studien analysieren → Erkenntnisse extrahieren → mit eigenen Beobachtungen abgleichen.

7. Nutzergruppen & Rollenbilder (Personas)
Warum?
Personas helfen Bedürfnisse aus unterschiedlichen Perspektiven zu verstehen.
Wie?
Nutzergruppen identifizieren → Persona-Profile erstellen (Ziele, Motivationen, Frustrationen erfassen) → Bedürfnisse pro Persona ableiten.

Tipps

- Alle Perspektiven einfangen:
  Sammle Bedürfnisse ohne Bewertung
- Schreibe die Bedürfnisse der Stakeholder möglichst wörtlich auf, um Fehlinterpretationen zu vermeiden
- Nutze Visualisierungen, um Bedürfnisse, Anwendungsfälle und Nutzungsszenarien darzustellen, das schafft eine gemeinsame Grundlage und klärt Missverständnisse frühzeitig auf

Wichtig

Gemeinsames Verständnis schaffen und alle Bedürfnisse ungefiltert erfassen.

Quick Win

„Bevor Du zu Regel 2 gehst, stelle sicher, dass Du …"

- … alle Stakeholder
  nach *Interesse* und *Einfluss* sortiert hast.
- … pro Stakeholder
  mindestens ein Bedürfnis erfasst hast.
- … mindestens 3 Nutzungsszenarien gesammelt hast.

Nachdem alle Stakeholder identifiziert und ihre Bedürfnisse vollständig und verständlich erfasst wurden, liegt nun eine ungefilterte Sammlung vor. Unklarheiten wurden geklärt, damit jedes Bedürfnis korrekt verstanden ist – ohne Bewertung, Priorisierung oder Entscheidung.
Im nächsten Schritt (Regel 2) wird diese Sammlung erstmals geordnet. Erst dort werden Zielkonflikte, Überschneidungen und Abhängigkeiten methodisch bewertet – und die Bedürfnisse in einen klaren Systemkontext überführt.

Das Praxisbeispiel (USB-Webcam):

Das folgende durchgängige Praxisbeispiel begleitet alle zehn goldenen Regeln. Es dient dazu, alle Regeln Schritt für Schritt an einem greifbaren Beispiel zu demonstrieren.
In diesem ersten RE-Schritt erfassen wir ausschließlich Stakeholder und deren Bedürfnisse. Keine Anforderungen, keine Lösungsdetails. Bedürfnisse können auch in Form von Marktforschungen oder ähnlichem Vorliegen und müssen erfasst werden.

Eine neue USB-Webcam soll entwickelt werden. Die Kamera wird an Laptops, Desktop-PCs oder in Meetingräumen eingesetzt. Sie soll ohne Installationsaufwand nutzbar sein (Plug-and-Play). Außerdem muss sie mit gängigen Videokonferenzsystemen zusammenarbeiten und in unterschiedlichen Nutzungskontexten (Homeoffice, Büro, Besprechungsraum) ein gutes Meeting-Erlebnis ermöglichen.

Eine *fiktive* Studie mit 1.200 Teilnehmenden aus drei Altersgruppen erweiterte die Stakeholder-Perspektive um zusätzliche nutzergruppenspezifische Bedürfnisse:

Altersgruppe 18–35 (digitale Vielnutzer)

- Schneller Autofokus,
  gute Performance bei wechselndem Licht
- Gute Geräuschunterdrückung des Mikrofons

Altersgruppe 36–55 (berufliche Vielnutzer)

- Absolute Zuverlässigkeit,
  Plug-and-Play ist entscheidend
- Sichtbare LED-Anzeige für aktive Kamera

Altersgruppe 56+ (vereinfachte Nutzung)

- Sehr einfache Bedienung
- Große, gut sichtbare LED,
  optional akustische Bestätigung (Ton bei Aktivierung)

Anwendungsfälle entwickeln

Anwendungsfälle (Use Cases) liefern gerade in frühen Projektphasen wertvolle Orientierung. Sie machen Bedürfnisse greifbar, zeigen typische Interaktionen zwischen Nutzer und System und bilden damit eine direkte Brücke zwischen Stakeholdern, Systemgrenzen und späteren Anforderungen. Trotz ihres hohen Nutzens werden Use Cases im Requirements Engineering häufig unterschätzt oder zu wenig eingesetzt. Ein Grund dafür ist, dass viele RE-Tools die strukturierte Erstellung und Pflege von Use Cases nur eingeschränkt unterstützen. Dabei eignen sie sich besonders gut, um funktionale Anforderungen sichtbar zu machen und ein gemeinsames Verständnis über das erwartete Systemverhalten zu schaffen.

Die folgende Abbildung zeigt einen Auszug von verschiedenen Anwendungsfällen der USB-Webcam:

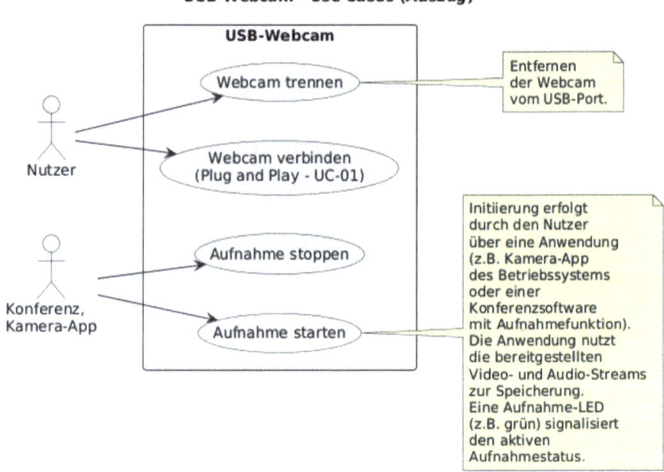

Abbildung 2-2 USB-Webcam Use Cases (Auszug)

Der Anwendungsfall UC-01 „Plug and Play“ in schriftlicher Form

UC-01: „Sofort loslegen – Plug & Play“

- Ziel: Nach dem Anschließen der Webcam ist eine Benutzung ohne Treiberinstallation innerhalb weniger Sekunden möglich.
- Auslöser: USB-Kabel wird verbunden.
- Erfolgskriterium: Betriebssystem (operating system - OS) erkennt die Kamera automatisch (UVC – USB Videoklasse), Kamera ist ≤ 5 s einsatzbereit.
- Bezug: Plug-and-Play/UVC, Kompatibilität mit Betriebssystemen.

Erläuterung zu UVC:
Dies ist ein standardisiertes Protokoll, das es Videogeräten wie Webcams ermöglicht, mit einem Computer zu kommunizieren, ohne dass spezielle Treiber installiert werden müssen. Dadurch sind z.B. Webcams "Plug-and-Play"-fähig und funktionieren sofort, wenn sie an einen Computer angeschlossen werden. Die genutzte App steuert über Kontrolldaten die Aufnahme der bereitgestellten Video- und Audio-Streams.

Im weiteren Verlauf des Praxisbeispiels nehmen wir UC-01 und leiten daraus später Anforderungen ab.

Stakeholder Bedürfnisliste (USB-Webcam)

Aus den gegebenen Daten wird eine Stakeholder Map erstellt. Sie dient dazu alle identifizierten Stakeholder übersichtlich zu strukturieren.

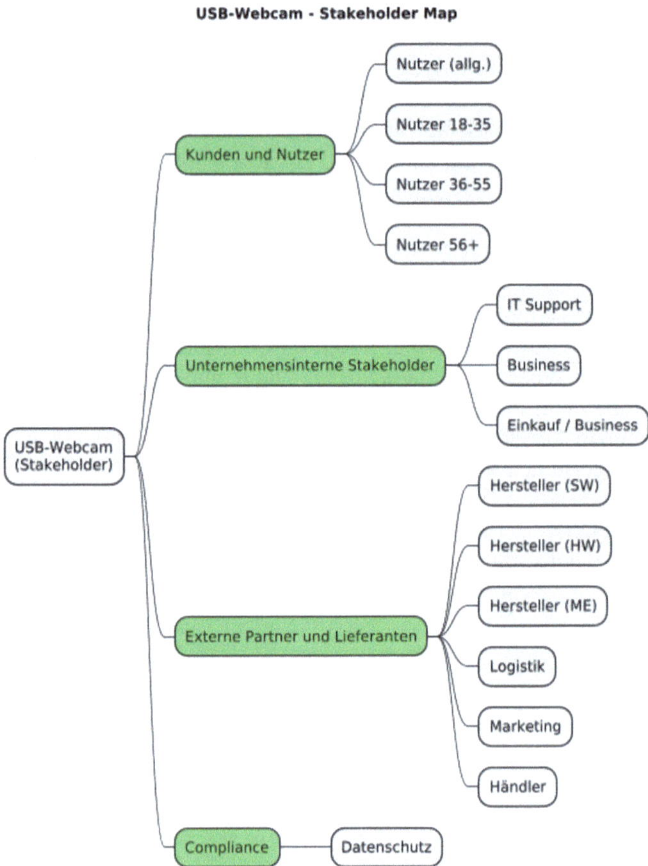

Abbildung 2-3 USB Webcam Stakeholder Map

Erfasse die Bedürfnisse der identifizierten Stakeholder in einer Liste, z.B.:

Stakeholder	Bedürfnis
Nutzer (allg.)	Gute Bildqualität und Tonqualität
Nutzer (allg.) – UC-01	Plug-and-Play ohne Installation
Nutzer (allg.)	Kompatibel mit Teams/Zoom/Webex
Nutzer (allg.)	Flexible Montage
Nutzer 18–35	Sehr schneller Autofokus
Nutzer 18–35	Automatische Belichtungsanpassung
Nutzer 18–35	Geräuschunterdrückung
Nutzer 36–55	Hohe Zuverlässigkeit
Nutzer 36–55 / Datenschutz	LED-Anzeige bei aktiver Kamera
Nutzer 56+	Sehr einfache Bedienung
Nutzer 56+	Große LED
Nutzer 56+	Akustische Rückmeldung
IT-Support	Kompatibilität mit Win/macOS/Linux
Datenschutz	Keine lokale Datenspeicherung
Business	Langlebigkeit und Robustheit
Hersteller (HW)	Sinnvolle Kabellänge
Hersteller (SW)	Stabile Firmware
Hersteller (SW)	Automatische Updates
Hersteller (HW)	Zuverlässiger Bildsensor
Hersteller (HW)	Hitzestabile Komponenten
Hersteller (ME)	Stabiles Gehäuse (Mechanik)
Einkauf / Business	Kostenoptimierung
Logistik / Händler	Kompakte Lagerung
Marketing	Hochwertiges Verpackungsdesign

Tabelle 2-3 USB-Webcam Bedürfnisliste

Damit liegt nun eine ungefilterte Sammlung aller relevanten Stakeholder und ihrer Bedürfnisse vor. Genau hier setzt der nächste Schritt an: Bevor aus diesen Bedürfnissen Anforderungen werden können, müssen wir klären, *welche davon tatsächlich zum System gehören* – und damit geht es weiter in Regel 2 „Systemgrenzen und Kontext definieren“.

2.2 Regel 2: Systemgrenzen und Kontext definieren

Warum ist das wichtig?
Das Abstecken der Systemgrenze stellt sicher, dass alle Beteiligten ein gemeinsames Verständnis darüber haben, was genau entwickelt wird, wie weit der Projektumfang reicht und welche äußeren Faktoren berücksichtigt werden müssen.
Eine klar definierte Grenze verhindert Missverständnisse, unnötige Arbeiten und spätere Nachforderungen. Die Systemgrenze wird typischerweise in einem Kontextdiagramm visualisiert und bildet die Grundlage für spätere Anforderungen, Architektur, Verifikation und Validierung.

Input
Die Stakeholder Bedürfnisliste aus vorheriger Regel (nur Systembezug wird ausgewertet). A–D ist hier irrelevant – es steuert nur die Einbindung, nicht den Scope.

Was ist das ERGEBNIS?
Das Ergebnis ist ein Systemkontext-Set, das eindeutig zeigt:

- welche Bedürfnisse später zu Anforderungen werden dürfen
- welche Bedürfnisse zwar existieren, aber nicht Bestandteil des Projektumfangs sind

Was passiert hier NICHT?

- keine Anforderungen formulieren
- keine Lösungsbeschreibung – frühe Lösungen bremsen Innovation
- keine Architekturentscheidungen
- keine technische Umsetzung

Scope-Entscheidungsregel für Praktiker
Diese einfache Regel gilt für jeden Punkt:

- Ja: beeinflusst das System direkt → *In-Scope*
- Nein: kein direkter Einfluss → *Out-of-Scope*
- Unklar → Annahme dokumentieren und später klären

Die 3 universellen Entscheidungsgruppen

Gruppe 1: Kernfunktion / Systemfunktion (Funktion, Qualität, Verhalten)
Gehört dieses Bedürfnis zum System selbst?
Fragen:

- K1: Erfüllt das System selbst eine Funktion, die dieses Bedürfnis beschreibt?
- K2: Erfordert das Bedürfnis eine Qualität, die das System selbst bereitstellen muss (z. B. Performance, Sicherheit, Robustheit, Energieeffizienz)?
- K3: Führt die Nichterfüllung direkt zu einem Fehler oder Mangel des Systems?

Wenn JA → *In-Scope*

Gruppe 2: Schnittstellen und Interaktionen mit der Außenwelt
Muss das System zwingend mit diesem Element interagieren, damit es funktioniert?
Fragen:

- S1: Muss das System mit diesem Element aktiv interagieren (Daten, Material, Energie, Signale)?
- S2: Ist es eine technische Abhängigkeit oder Voraussetzung für die Funktion?
- S3: Liegt die Verantwortung für diese Interaktion beim Hersteller des Systems?

Wenn JA → *In-Scope*

Gruppe 3: Rahmenbedingungen, Pflichten und Nachweise
Erzwingt dieses Bedürfnis eine direkte Eigenschaft oder Nachweispflicht des Systems?
Fragen:

- R1: Erzwingt eine gesetzliche, normative oder umweltbedingte Vorgabe eine Anpassung am System?
- R2: Muss das System aufgrund eines Standards, einer Norm oder eines Gesetzes nachweislich etwas erfüllen?
- R3: Führt die Missachtung dieser Vorgabe zu einem Abnahme-, Sicherheits- oder Compliance-Fehler des Systems?

Wenn JA → *In-Scope*

UNKLAR:
Kann keine direkte Entscheidung mit JA oder NEIN getroffen werden, ist das Bedürfnis UNKLAR. Es besteht Klärungsbedarf oder es müssen Annahmen formuliert werden. Definiere wer bis wann eine Klärung herbeiführen muss.

Zielkonflikte und Trade-offs zwischen Stakeholder-Bedürfnissen

Bei der Analyse der Stakeholder Bedürfnisse können Situationen entstehen, in denen zwei oder mehr legitime Bedürfnisse in einem direkten Widerspruch zueinanderstehen. Ein häufiger Zielkonflikt entsteht bei Anforderungen, die aus Marketing- oder Nutzerpräferenzen stammen, jedoch technisch oder wirtschaftlich nicht gleichzeitig erfüllbar sind.
Eine Nutzerumfrage könnte beispielsweise feststellen, dass eine bestimmte Altersgruppe knallige Farben bevorzugt (z. B. Pink, Gelb), hingegen eine andere eher dezente klassische Farbe (z.B. Grau). Während die Fertigung aus technischen Gründen lediglich eine einzige Farbvariante wirtschaftlich produzieren kann.

Solche Zielkonflikte dürfen nicht ungeklärt in die nächste Prozessstufe (Regel 3) übergehen. Bevor aus Bedürfnissen überprüfbare Anforderungen abgeleitet werden, muss ein sachlich begründeter Trade-off getroffen werden.

Ein Trade-off ist eine bewusste Entscheidung darüber, welches Bedürfnis den Vorrang erhält, welche Eigenschaften reduziert werden dürfen oder welche Randbedingungen angepasst werden müssen.

Dabei gelten folgende Grundprinzipien:

- Transparenz
  Konflikt offen dokumentieren und an die entscheidenden Stakeholder zurückspiegeln.
- Datenbasierte Entscheidung
  Entscheidungen basieren auf Nutzen, Risiken, Kosten, technischen Möglichkeiten und regulatorischen Zwängen.
- Eindeutigkeit für Regel 3
  Erst wenn der Konflikt geklärt ist, kann eine eindeutige und überprüfbare Anforderung entstehen. Ungelöste Zielkonflikte führen zu instabilen, widersprüchlichen oder nicht erfüllbaren Anforderungen.

Sobald ein Zielkonflikt geklärt ist, muss das betroffene Bedürfnis für alle Beteiligten transparent dokumentiert werden. Dazu erhält jedes nicht umsetzbare oder zurückgestellte Bedürfnis einen eindeutigen „Scope" Status, zum Beispiel:

Out-of-Scope

Das Bedürfnis wird im aktuellen Projekt bewusst nicht umgesetzt.

Das Bedürfnis, welches den Vorrang bekommen hat, wird oder bleibt *In-Scope*.

Hinweis: Nur *In-Scope* Bedürfnisse werden in Regel 3 in Anforderungen überführt. Deshalb brauchen wir eine klare transparente Entscheidung und die Dokumentation.

Checkliste zur Definition von Systemgrenze & Kontext

1. Grundsätzliche Systemdefinition

- Wie heißt das System/Produkt?
- Was ist Ziel und Zweck des Systems?
- Welche Komponenten gehören eindeutig zum System (*In-Scope*)?
- Welche Komponenten sind bewusst ausgeschlossen (*Out-of-Scope*)?

2. Schnittstellen & Nachbarsysteme

- Welche externen Systeme oder Akteure interagieren mit dem System?
- Über welche Schnittstellen erfolgt die Interaktion (technisch, organisatorisch, physisch)?
- Wer trägt die Verantwortung für welche Schnittstelle?

3. Rahmenbedingungen

- Welche äußeren Randbedingungen müssen berücksichtigt werden?
  (Einsatzumgebung, gesetzliche Vorgaben, Branchenstandards, Sicherheitsanforderung)
- **Umwelt- und Lebenszyklusanforderungen**
  Für die Definition der Systemgrenze sind ökologische Rahmenbedingungen zu berücksichtigen. Dazu gehören Anforderungen an Materiallebensdauer, Reparierbarkeit, Wiederverwendbarkeit, Energieeffizienz, CO_2-Bilanz sowie gesetzliche Vorgaben zur Entsorgung und zum Recycling. Diese Bedingungen beeinflussen Scope, Systemarchitektur und spätere Nachweise und müssen daher von Beginn an explizit dokumentiert werden.

4. Betriebsmodi & Nutzungsszenarien

- Welche Betriebsmodi existieren? (Normalbetrieb, Fehlerfall, Wartung)
- Welche Nutzungsszenarien oder Use Cases sind relevant? Welche Benutzergruppen und Nutzungskontexte sind zu beachten?

5. Abhängigkeiten

- Welche Abhängigkeiten zu benachbarten Systemen, Gewerken oder organisatorischen Prozessen bestehen?
- Welche Voraussetzungen müssen erfüllt sein, damit das System korrekt funktioniert?

6. Nicht-funktionale Anforderungen, die die Systemgrenze beeinflussen

- Welche Anforderungen an Performance, Verfügbarkeit, Sicherheit, Datenschutz, Hygiene, Brandschutz usw. beeinflussen die Grenze?
- Gibt es regulatorische Vorgaben, die den Scope maßgeblich bestimmen?

7. Annahmen & offene Fragen

- Welche Annahmen treffen wir über Nutzer, Materialien, IT-Infrastruktur, Prozesse oder technische Voraussetzungen?
- Welche offenen Punkte müssen geklärt werden?
- Alle Annahmen schriftlich festhalten

8. Risiken an der Systemgrenze

- Welche Risiken können an der Grenze entstehen? (z. B. Fehlbedienung, Integrationsrisiken, Compliance-Verstöße, technische Inkompatibilitäten)
- Müssen diese Risiken in die spätere Risikoanalyse einfließen?
- Ungeklärte Annahmen sind ein potenzielles Risiko.

9. Notwendige Nachweise

- Welche Nachweise oder Abnahmen sind im Projekt erforderlich?
  (z. B. technische Prüfungen, Bauabnahme, klinische Bewertung, Homologation, Zertifizierung)
- Welche davon hängen direkt von einer eindeutig definierten Systemgrenze ab?

Quick Win

Erstelle eine einfach Kontextskizze: System in der Mitte, relevante Nachbarsysteme und Akteure außen herum platzieren. Verbinde das System mit Schnittstellenangaben (z.B. Daten, Signale, Material). Halte anschließend die wichtigsten Randbedingungen fest z.B. gesetzliche Vorgaben, Sicherheitsanforderungen, Plattformen, Einsatzumgebung sowie notwendige Nachweise und Freigaben.

Das Praxisbeispiel (USB-Webcam):

Nachdem in Regel 1 die Bedürfnisse der Stakeholder gesammelt wurden, definiert Regel 2 den Systemkontext und entscheidet, welche dieser Bedürfnisse zum Projektumfang gehören. Nur die als *In-Scope* eingestuften Elemente werden anschließend in Regel 3 zu Systemanforderungen überführt.

Die folgende Übersicht zeigt die Einordnung der Bedürfnisse in IN (*In-Scope*) und OUT (*Out-of-Scope*) Entscheidung:

Bedürfnis	**IN / OUT**	**Begründung gemäß Regel 2 (anhand K / S / R)**
Gute Bildqualität und Tonqualität	IN	Kernfunktion K, Audio/Video
Plug-and-Play ohne Installation	IN	Schnittstelle S, Software
Kompatibel mit Teams/Zoom/Webex	IN	Schnittstelle S, Software
Flexible Montage	IN	Kernfunktion K, Mechanik
Sehr schneller Autofokus	IN	Kernfunktion K, Optik
Automatische Belichtungsanpassung	IN	Kernfunktion K, Belichtung
Geräuschunterdrückung	IN	Kernfunktion K, Audio
Hohe Zuverlässigkeit	IN	Kernfunktion K, Qualität
LED-Anzeige bei aktiver Kamera	IN	Rahmen R, Datenschutz
Sehr einfache Bedienung	IN	Kernfunktion K, Bedienbarkeit
Große LED	IN	Kernfunktion K, Ergonomie
Akustische Rückmeldung	IN	Kernfunktion K, Interaktion
Kompatibilität mit Win/macOS/Linux	IN	Schnittstelle S
Keine lokale Datenspeicherung	IN	Rahmen R, Datenschutz
Langlebigkeit und Robustheit	IN	Kernfunktion K, Qualität
Sinnvolle Kabellänge	IN	Kernfunktion K, Mechanik
Stabile Firmware	IN	Kernfunktion K, Software
Automatische Updates	IN	Schnittstelle S, Software
Zuverlässiger Bildsensor	IN	Kernfunktion K, Hardware
Hitzestabile Komponenten	IN	Kernfunktion K, Hardware
Stabiles Gehäuse	IN	Kernfunktion K, Mechanik
Kostenoptimierung	OUT	Kein K/S/R, Business
Kompakte Lagerung	OUT	Kein K/S/R, Logistik
Hochwertiges Verpackungsdesign	OUT	Kein K/S/R, Marketing

Tabelle 2-4 Kategorisierung der Bedürfnisliste

Erstellen sie aus dem Ergebnis der IN/OUT Entscheidung beispielsweise ein Kontextdiagramm, hier eine Kurzanleitung:

- Nur IN-Bedürfnisse berücksichtigen
- Systemteile und Schnittstellen ableiten
- Akteure und Umgebung identifizieren
- Interaktionen logisch verbinden
- Diagramm um das System zentrieren

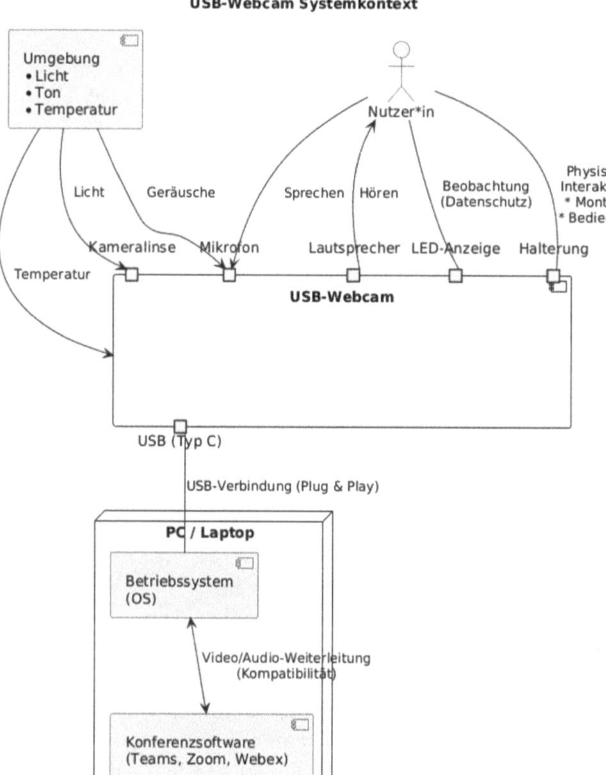

Abbildung 2-4 Systemkontext

2.3 Regel 3: Bedürfnisse in überprüfbare Anforderungen überführen

Warum ist das wichtig?
Bedürfnisse enthalten oft vage Formulierungen wie „das System soll schnell sein", „nachhaltig", oder „intuitiv", diese führen dazu, dass Anforderungen weder messbar noch eindeutig testbar sind. Nur präzise und objektiv formulierte Anforderungen ermöglichen eine klare Bewertung und erfolgreiche Umsetzung.

Ziel
Aus allen *In-Scope* Bedürfnissen messbare, testbare, präzise Anforderungen formulieren. Hier dient Dir eine Checkliste mit Referenzen zu Normen.

Was passiert hier NICHT?

- Keine Stakeholderanalyse mehr (Regel 1).
- Keine Diskussion, ob etwas im Projektumfang ist, das war Regel 2.
- Keine Lösungsbeschreibung, keine technische Architektur
- Keine Priorisierung

Was ist das ERGEBNIS?
Eine Anforderungsliste, die klar aus den Bedürfnissen abgeleitet ist.

Bausteine einer Anforderung – Attribute
Bevor eine Anforderung formuliert werden kann, muss klar sein, aus welchen Bausteinen sie besteht. Eine Anforderung ist nicht nur ein Text – sondern ein strukturierter Datensatz, bestehend aus mehreren Attributen, die gemeinsam ihren vollständigen fachlichen, technischen und prüfbaren Kontext beschreiben:
Die Summe der Attribute bildet die vollständige Anforderung.

Warum Attribute entscheidend sind

Attribute stellen sicher, dass Anforderungen:

- vollständig dokumentiert sind
- eindeutig interpretiert werden können
- verifizierbar und testbar sind
- rückverfolgbar bleiben (Traceability)
- maschinell analysiert werden können (KI-Lesbarkeit)
- in Metriken gefiltert
  und gezielt ausgewertet werden können
- im Änderungsmanagement sauber versioniert sind

Damit wird jede Anforderung zu einem KI- und Tool geeigneten Datensatz – anstatt zu einem unstrukturierten Textbaustein.

Das Datenmodell einer Anforderung

Typische Pflichtattribute einer Systemanforderung:

Attribut	Zweck
ID	Eindeutige und stabile Identifikation
Version	Dokumentiert Änderungen & Baselines
Titel	Kurzbeschreibung zur Orientierung
Anforderungstext	Formuliert gemäß Satzschablone
Akzeptanzkriterium	Grundlage der Verifikation
Verifikationsmethode	Test, Analyse, Inspektion, Simulation
Status	Entwurf / In Review / Genehmigt
Weitere Kategorien	Typ (funktional/nicht-funktional), Safety, Security, regulatorische Relevanz, etc. je nach Branche und Fokussierung unterschiedlich
Linkbeziehungen	Grundlage für Rückverfolgbarkeit (vgl. Regel 4)

Tabelle 2-5 Typische Pflichtattribute einer Systemanforderung

Diese Attribute bilden das Datenmodell einer Anforderung, unabhängig von Werkzeug, Branche oder Vorgehensmodell.

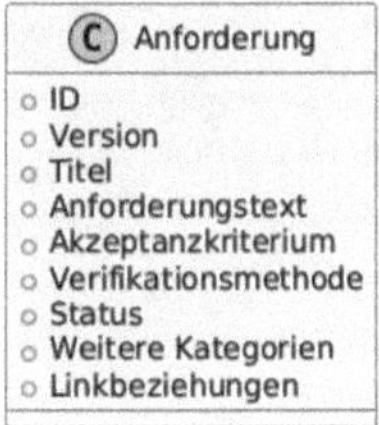

Abbildung 2-5 Datenmodell einer Anforderung (Attribute)

Anforderungstext - Verwenden einer Satzschablone
Satzschablonen helfen, den Anforderungstext klar, eindeutig und reproduzierbar zu formulieren. Ein bewährtes Schema lautet:

<System/Komponente> muss <Fähigkeit/Verhalten> <Bedingung/Kriterium>.

Beispiel:
„Der Wasserkocher muss 1 Liter Wasser innerhalb von 300 Sekunden erhitzen.“
Diese Struktur stellt sicher, dass die Anforderung den zentralen ISO 29148 Qualitätsmerkmalen entspricht – insbesondere Eindeutigkeit, Verifizierbarkeit, Vollständigkeit und Atomarität.

Prinzipien der Formulierung - Was kennzeichnet eine gute Anforderung aus?

Die internationale Norm ISO/IEC/IEEE 29148:2018 beschreibt die Qualitätsmerkmale gut formulierter Anforderungen, hier am bereits bekannten „Wasserkocher" Beispiel veranschaulicht:

Aspekt – Kurzbeschreibung	**Gut-Fall (korrekt formuliert)**	**Schlecht-Fall (typischer Fehler)**
Notwendig – Die Anforderung ist essenziell; ohne sie kann der Wasserkocher seinen Grundzweck nicht erfüllen.	„Der Wasserkocher muss Wasser auf 100 °C erhitzen können."	„Der Wasserkocher muss Bluetooth-fähig sein." → kein Beitrag zur Kernfunktion; nicht notwendig.
Angemessen – Beschreibt das Was, nicht das Wie; Detailgrad entspricht dem Systemniveau.	„Der Wasserkocher muss 1 Liter Wasser innerhalb von 300 Sekunden erhitzen."	„Der Wasserkocher muss ein Heizelement des Typen HX-400 verwenden." → schreibt eine Lösung vor.
Eindeutig – Nur eine Interpretation möglich; klare, verständliche Formulierung.	„Der Wasserkocher muss beim Erreichen von 100 °C automatisch abschalten."	„Der Wasserkocher soll schnell abschalten." → „schnell" ist subjektiv.
Vollständig – Alle notwendigen Informationen sind enthalten; keine offenen Fragen.	„Der Wasserkocher muss 1 Liter Wasser von 20 °C auf 100 °C erhitzen."	„Der Wasserkocher muss Wasser erhitzen." → unklar, wie viel, wie schnell, auf welche Temperatur.
Singulär, atomar – Eine Anforderung beschreibt genau einen Aspekt; keine UND-Ketten.	„Der Wasserkocher muss automatisch abschalten."	„Der Wasserkocher muss automatisch abschalten und ein Display haben und ein akustisches Signal geben."
Machbar – Technisch, wirtschaftlich und physikalisch realistisch erfüllbar.	„Der Wasserkocher muss mindestens 500 Kochzyklen ohne Defekt erreichen."	„Der Wasserkocher muss 1 Liter Wasser innerhalb von 1 Sekunde kochen." → nicht realisierbar.
Verifizierbar – Objektiv mess- oder testbar; klare Kriterien.	„Der Wasserkocher darf während des Betriebs maximal 55 dB erzeugen."	„Der Wasserkocher muss leise sein." → nicht messbar.
Korrekt – Entspricht wirklich dem zugrunde liegenden Nutzer-Bedürfnis.	„Der Wasserkocher muss beim Erreichen von 100 °C automatisch abschalten."	„Der Wasserkocher muss eine App-Steuerung besitzen." → Hat keinen Bezug zum zugrunde liegenden Bedürfnis.
Konform – Entspricht dem definierten Template für den Schreibstil der Anforderung (z.B. Satzschablone)	„Der Wasserkocher muss 1 Liter Wasser auf 100 °C erhitzen."	„Der Wasserkocher soll heiß genug sein, um Wasser schnell zu erhitzen."

Tabelle 2-6 Qualitätsmerkmale einer Anforderung - ISO 29148 – Wasserkocher

Die Norm **ISO 29148** beschreibt, *wie* gute Anforderungen formuliert werden müssen.
Sie beantwortet jedoch nicht die Frage, welche Qualitätsmerkmale ein System überhaupt besitzen soll. Ein anschauliches Beispiel liefert der Wasserkocher mit tropfendem Ausguss aus der Einführung: Der Kocher erfüllt zwar die funktionale Anforderung „Wasser ausgießen", scheitert jedoch an der Qualitätsanforderung nach *Benutzbarkeit und funktionaler Eignung*, weil kein tropffreies Ausgießen gewährleistet ist.
Die **Qualitätsmerkmale** (nicht-funktionale Anforderungen) werden entlang der **ISO-25010** Norm beschrieben. Dieses Modell ist universell für technische Systeme nutzbar (Software, Hardware, Geräte, Maschinen).

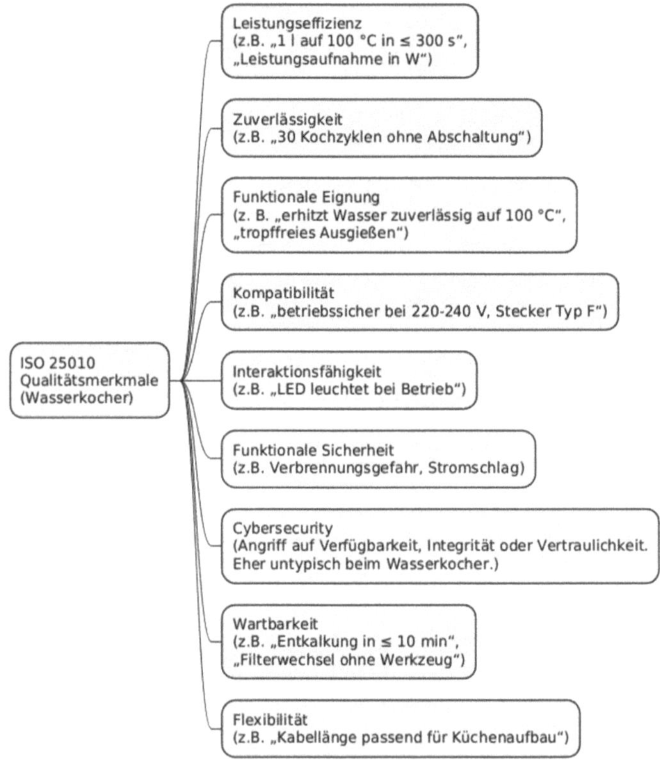

Abbildung 2-6 ISO 25010 Wasserkocher-Beispiel

Hinweis: FMEA als Werkzeug zur Präzisierung von Anforderungen
Die in den Grundlagen erläuterte FMEA ist ideal, um aus erkannten Fehlermodi konkrete, überprüfbare Anforderungen abzuleiten. Sobald im Systemkontext erkennbar ist, dass eine Funktion, ein Qualitätsmerkmal oder eine Interaktion fehleranfällig sein könnte – z. B. durch Bedienfehler, ungünstige Umgebungsbedingungen, technische Grenzen oder sicherheitsrelevante Folgen – lohnt sich eine kurze FMEA.

Tipps / Best Practices

- Ergänze Anforderungen bei Bedarf um Visualisierungen (z. B. UML-Diagramme, Skizzen, Tabellen oder Flussdiagramme), denke dabei an die maschinelle Lesbarkeit.
- Formuliere Anforderungen so einfach wie möglich.
- Verwende keine technischen Lösungen, wenn sie nicht zwingend sind.
- Verwende eine einheitliche Struktur in deinem Anforderungsdokument, damit Anforderungen auch in größeren Projekten problemlos gefunden, gepflegt und geprüft werden können.
- Erstelle ein Glossar mit Begriffsdefinitionen

Quick Win

Erstelle ein Template für den Aufbau deiner Anforderungen (bedenke: was möchtest Du in deinen Metriken erfassen und auswerten). Wenn keine Normenpflicht besteht, starte bewusst einfach. Ein schlankes Template ist oft wirkungsvoller als ein überladenes. Entwickle es über die Zeit weiter, sobald typische Muster und Verbesserungsbedarfe sichtbar werden („weniger ist mehr“).

Das Praxisbeispiel (USB-Webcam):

Aus den zuvor identifizierten Stakeholder Bedürfnissen (Regel 1) und den daraus abgeleiteten *In-Scope* Elementen der Systemgrenzen Analyse (Regel 2) lassen sich nun klare, messbare Anforderungen ableiten.
Als Hersteller sind für uns Software, Hardware und mechanische Anforderungen relevant. Im Beispiel beschränken wir uns auf die übergeordneten *Systemanforderungen*. Es sind fünf Bedürfnisse ausgewählt und Anforderungen entsprechend abgeleitet:

Bedürfnis	ID	Anforderungstext	Akzeptanzkriterium
Gute Bildqualität und Tonqualität	SYS001	Das System muss Videobilder mit einer Auflösung von 1080p (1920x1080) bei einer stabilen Bildrate von 30 fps ausgeben.	Im Labortest liefert die Kamera stabil ≥ 30 fps bei 1080p.
Plug-and-Play ohne Installation (UC-01)	SYS002	Das System muss ohne jegliche Treiberinstallation über USB nach weniger als 5 Sekunden nutzbar sein und den UVC-Standard vollständig unterstützen.	Das Betriebssystem erkennt die Webcam in ≤ 5 Sekunden nach Anschluss automatisch.
Automatische Lichtkorrektur	SYS003	Das System muss die Belichtung automatisch an wechselnde Lichtverhältnisse (Änderung von 200 lx → 800 lx) innerhalb 1 Sekunde anpassen.	Bei Änderung von 200 lx → 800 lx stabilisiert sich das Bild innerhalb 1 Sekunde.
Sehr schneller Autofokus	SYS004	Das System muss ein Objekt im Nahbereich von 1 m automatisch erfassen und innerhalb 0.5 Sekunden scharfstellen.	Im Test (Nahbereich → 1 m) erfolgt die Scharfstellung innerhalb von ≤ 0,5 Sekunden.
LED-Anzeige bei aktiver Kamera	SYS005	Das System muss bei Beginn der Übertragung innerhalb 0.2s eine LED einschalten.	Die LED leuchtet ≤ 0,2 Sekunden nach Start der Aufnahme.

Tabelle 2-7 5 USB-Webcam Systemanforderungen

Die Zuordnung zwischen Stakeholder Bedürfnis und Systemanforderung im obigen Praxisbeispiel bildet bereits die erste Form der **Rückverfolgbarkeit (Traceability)**.
Regel 4 erklärt anschließend das Prinzip der Traceability im Detail und zeigt, wie daraus eine vollständige, systematische Verknüpfung entsteht.

2.4 Regel 4: Anforderungen nachverfolgen (Rückverfolgbarkeit)

Warum ist das wichtig?
Das definierte V-Modell legt fest, welche Artefakte in den jeweiligen Prozessschritten miteinander verknüpft werden. Je nach Branche (z.B. Automotive mit ASPICE) und Rahmenwerk (z.B. Scrum für agile Entwicklung) unterscheiden sich diese Artefakte in den jeweiligen Unternehmen. Die Rückverfolgbarkeit ermöglicht dabei jederzeit nachzuvollziehen, aus welchem Bedürfnis eine Anforderung entstanden ist, wie sie im weiteren Verlauf spezifiziert, umgesetzt und getestet wurde und welchen Systemelementen, Releases oder Varianten sie zugeordnet ist.
So entsteht eine durchgängige, überprüfbare Verbindung von der Stakeholder-Ebene bis hin zur realen Produktumsetzung.

Wichtig
Die Linkbeziehungen gehören genauso zur Anforderung wie seine Attribute (siehe Regel 3, Abschnitt ‚Bausteine einer Anforderung – Attribute‘).

Ziel
Die Rückverfolgbarkeit soll helfen u.a. folgende Fragen zu klären:

- Sind die Bedürfnisse der Stakeholder mit messbaren Anforderungen verlinkt?
- Welche Bedürfnisse sind mit einem Risiko verbunden?
- Auf welche Architekturelemente (System Elemente, System Schnittstellen) sind die Anforderungen zurückzuführen?
- Auf welche übergeordneten Anforderungen verweisen sie?
- Wurden die Anforderungen umgesetzt?
- Sind die Anforderungen mit Tests verlinkt?

Linkrollen
In der Praxis sind auch definierte Linkrollen zwischen den einzelnen Objekten üblich, beispielsweise eine Anforderung „befriedigt" ein Bedürfnis, oder ein Testfall „verifiziert" eine Anforderung.

Häufige Fehler:
Die Definition von Linkrollen ist nur dann sinnvoll, wenn sie in einem Tool eindeutig hinterlegt, kontrolliert und gesteuert werden kann. Warum? Damit die Person, die die Verlinkung durchführt, *keine falsche Linkrolle auswählen kann*. Nur durch eine tool-gestützte, klar definierte und eingeschränkte Auswahl an erlaubten Linkrollen bleibt der Vorgang prozesssicher und konsistent.

Tipps

- Nutze geeignete Tools die die Traceability zu den benachbarten Elementen (Architektur, Anforderung, Test, etc.) herstellen kann.
- Pflege und überprüfe die Verknüpfungen regelmäßig. Ein geeignetes Tool, insbesondere wenn Linkrollen und Linkrichtungen zu beachten sind, kann hier sehr arbeitserleichternd sein. Sinnvollerweise lässt das Tool nur erlaubte Linkverbindungen zu.

Quick Win
Beginne mit dem einfachsten Schritt und verknüpfe jedes Stakeholder Bedürfnis mit mindestens einer daraus abgeleiteten System Anforderung:
Bedürfnis → Systemanforderung.

Damit entsteht sofort eine transparente, auditierbare Rückverfolgbarkeit (Traceability), die sich im weiteren Prozess automatisch erweitert (z. B. um Architektur, Design oder Umsetzung).

Das Praxisbeispiel (USB-Webcam):

Im Praxisbeispiel aus Regel 3 wurde das Bedürfnis *„Der Nutzer möchte eine gute Bildqualität haben"* in die Systemanforderung **SYS001** überführt. Diese Verknüpfung bildet den ersten Schritt der Rückverfolgbarkeit. Das Bedürfnis ist nach ASPICE beispielsweise eine Stakeholder Anforderung (SYS.1) und würde in einem Anforderungstool aufgenommen werden, eine ID bekommen, sowie andere Attribute. Eine Rückverfolgung würde dann über eine Linkbeziehung z.B. „spezifiziert durch" mit der System Anforderung hergestellt werden.

ID	Bedürfnis	ID	Anforderungstext	Akzeptanzkriterium
ST001	Gute Bildqualität	SYS001	Das System muss Videobilder mit einer Auflösung von 1080p (1920x1080) bei einer stabilen Bildrate von 30 fps ausgeben.	Im Labortest liefert die Kamera stabil ≥ 30 fps bei 1080p.

Tabelle 2-8 Rückverfolgbarkeit ST001 und SYS001

Das im Unternehmen definierte **V-Modell** legt fest, welche Artefakte in welcher Entwicklungsphase entstehen und wie sie miteinander verbunden werden. Die Traceability wächst daher **schrittweise** mit dem Prozess:

- **Bedarfserhebung (Regel 1–3)**
  Es existieren nur Stakeholder Bedürfnisse und Systemanforderungen.
  Verknüpfbar: *Bedürfnis → Systemanforderung*
- **System- und Softwaredesign (linker V-Ast)**
  Sobald der Hersteller Architektur- oder Designentscheidungen trifft, können Anforderungen mit den entsprechenden Systemelementen verknüpft werden.
  Erweiterung: *Systemanforderung → Design*

- **Planung der Umsetzung**
  Werden Arbeitspakete, Stories oder technische Komponenten definiert, können diese ebenfalls mit den Anforderungen verknüpft werden.
  Erweiterung: *Systemanforderung → Umsetzungsobjekt*
- **Planung und Durchführung der Tests (rechter V-Ast)**
  Erst wenn Testfälle existieren, können Anforderungen damit verknüpft werden.
  Erweiterung: *Systemanforderung → Testfall*

Welche Verknüpfungen möglich sind, hängt also immer davon ab, welche Artefakte im jeweiligen Prozessschritt bereits vorliegen. Für den derzeitigen Prozessschritt bedeutet das zunächst:

Bedürfnis → Systemanforderung

Alle weiteren Verlinkungen entstehen erst, wenn das V-Modell diese Artefakte vorsieht.

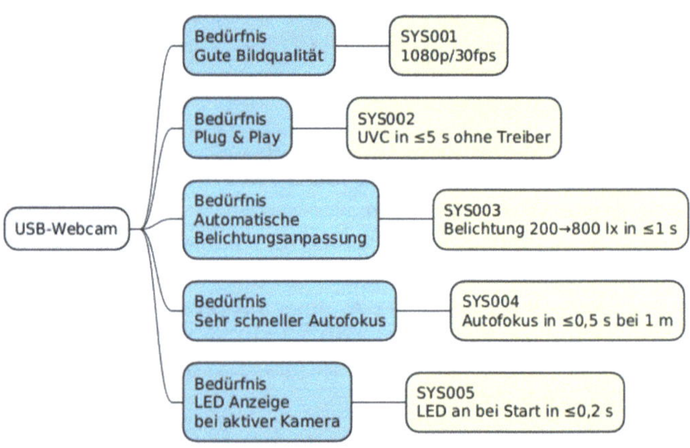

Abbildung 2-7 USB-Webcam Traceability: Bedürfnis, Anforderung

Bevor die definierten Anforderungen überprüft werden können, müssen sie eindeutig kategorisiert sein.
Genau hier setzt Regel 5 an: *Anforderungen kategorisieren.*

Erst durch die klare Zuordnung (z. B. funktional vs. nicht-funktional, regulatorisch relevant ja/nein) wird sichtbar, welche Prüfaspekte gelten und welche Überprüfer zuständig sind. Ohne diese Vorbereitung würde eine Überprüfung ins Leere laufen, denn man kann nur das sauber prüfen, was zuvor sauber klassifiziert wurde.
Die Kategorisierung bildet damit die Grundlage für eine objektive, vollständige und normgerechte Überprüfung der Anforderungen in Regel 6.

2.5 Regel 5: Anforderungen kategorisieren

Warum ist das wichtig?
Eine klare und konsistente Kategorisierung hilft dabei, Anforderungen schnell einzuordnen, filtern zu können, korrekt zu bewerten und effizient weiterzuverarbeiten. Besonders in komplexen Projekten oder regulierten Branchen ist es entscheidend, auf den ersten Blick zu erkennen, welchen Charakter eine Anforderung hat: funktional, sicherheitsrelevant, regulatorisch, cybersecurity-relevant oder architekturrelevant.

Wichtig
Kategorien sind definierte Attribute des Datenmodells ihrer Anforderungen.

Häufige Fehler

- **Zu viele Kategorien**
  Achten Sie darauf, dass keine Inkonsistenzen oder Widersprüche zwischen den Kategorien entstehen. Als Faustregel gilt:
  Lieber eine Kategorie zu wenig als eine zu viel. Jede Kategorie muss gepflegt werden – das kostet Zeit, Geld und kann die Datenqualität verschlechtern, wenn unnötige Kategorien eingeführt werden.
- **Checkboxen anstelle von Enum-Attributen (Aufzählungstyp)**
  Werden Kategorien im Tool als Checkboxen abgebildet, können versehentlich mehrere sich gegenseitig ausschließende Kategorien gleichzeitig aktiviert werden, z. B.: funktional und nicht-funktional gleichzeitig markiert!
  Dies führt zu einem logischen Widerspruch, da eine Anforderung *entweder* funktional *oder* nicht-funktional ist. Beides zugleich wäre eine fehlerhafte Klassifikation und macht jede Auswertung, Filterung oder Nachverfolgbarkeit unsauber. Abhilfe schafft ein Enum-Attribut, das ausschließlich einen Wert zulässt.

Kategorie Typ
Die wohl am häufigsten vorkommende Unterscheidung ist der Typ. Jede Anforderung ist entweder funktional oder nicht-funktional. Auch definiert in z.B. ISO/IEC/IEEE 29148.

- **Funktional** beschreibt, **was** das System tun muss.
- **Nicht-funktional** beschreibt, **wie gut** das System etwas tun muss (Qualität, Performance, Verhalten, Robustheit, Zuverlässigkeit, …).

Beispiel:
Funktional: „Der Wasserkocher muss 1 Liter Wasser auf 100 Grad erhitzen können."

- Beschreibt eine Fähigkeit (Wasser erhitzen)
- Enthält ein messbares Prüfkriterium (1 Liter und 100 Grad)
- Enthält keine qualitative Aussage z.B. in welcher Zeit es passieren soll

Nicht-funktional: „Der Wasserkocher muss 1 Liter Wasser auf 100 (Grad Celsius) innerhalb von 300 (Sekunden) erhitzen können. Bemerkung: Vor dem Erhitzen ist das Wasser 20 Grad."

- Beschreibt wie gut (wie schnell) es die Fähigkeit „Wasser erhitzen" erfüllen soll
- Enthält messbares Prüfkriterium mit definierter Startbedingung

Praktische Orientierungshilfe:

Funktionale Anforderungen

Bedürfnis / Aspekt	**Messbares Kriterium**
Daten speichern	Kundendaten in Datenbank ablegen
Produkt anzeigen	Produktbild und -beschreibung darstellen
Bestellung aufgeben	Artikel in Warenkorb legen und Kauf abschließen

Tabelle 2-9 Funktionale Anforderungen - messbares Kriterium

Nicht-Funktionale Anforderungen

Bedürfnis / Aspekt	**Messbares Kriterium**
Schnell (Leistungseffizienz)	Antwortzeit unter 2 Sekunden
Zuverlässig (Zuverlässigkeit)	Verfügbarkeit 99,9%
Sicher (Sicherheit)	Datenverschlüsselung AES-256

Tabelle 2-10 Nicht-funktionale Anforderungen - messbares Kriterium

Kategorie Safety-Relevanz

Kurzregel: Eine Funktion ist safety-relevant, wenn ihre Fehlfunktion Menschen, Umwelt oder Sachwerte gefährden kann. Die Einstufung erfolgt nicht durch das RE-Team, sondern über eine formale Gefährdungs- und Risikoanalyse (z. B. „Hazard Analysis and Risk Assessment", kurz **HARA**, nach ISO 26262). Ergebnis ist eine Klassifikation (z. B. QM, ASIL A–D) mit abgeleiteten Safety-Zielen.

Was musst Du als RE dann tun?

- Kategorie setzen: Safety-Relevanz und Klassifikation (QM/ASIL A–D bzw. branchenspezifisch) gemäß Ergebnis der HARA dokumentieren.
- Functional Safety Manager einschalten: Sofort, früh, proaktiv. **Wichtig**: Du machst keine Bewertung – Du erkennst nur den Auslöser.
- Kontext liefern: Schnittstellen, Nutzungsszenarien, Systemgrenze, Stakeholder, Betriebsmodi.

Was passiert danach?

- Das Functional-Safety-Team führt die HARA durch.
- Du übernimmst das Ergebnis: Safety-Anforderungen, Herkunft (HARA) dokumentieren, Prüfmethode / Nachweis ergänzen, Traceability sicherstellen.

Branchennotiz

- Medizin: Risk-Control-Measures nach ISO 14971.
- Luftfahrt: DAL A–E (ARP4754A/DO-178C/DO-254).
- Industrie: SIL 1–4 (IEC 61508).

Kategorie Cybersecurity-Relevanz

Cybersecurity ist relevant, sobald ein Angriff die Verfügbarkeit, Integrität oder Vertraulichkeit von System oder Daten beeinträchtigen könnte.
Kurzregel: Gibt es einen digitalen Zugang, über den jemand Schaden anrichten kann? Wenn ja, dann ist Cybersecurity relevant.

Was musst Du als RE dann tun?

- Kategorie setzen (branchenabhängig).
- Security-Team einschalten: Sofort, früh, proaktiv. **Wichtig**: Du machst keine Bewertung – Du erkennst nur den Auslöser.
- Kontext liefern: digitale Schnittstellen, Nutzungsszenarien, Systemgrenze, Stakeholder, Betriebsmodi.

Was passiert danach?

- Das Security-Team führt die sogenannte „Thread Analysis and Risk Assessment" (kurz **TARA**) durch: Assets → Bedrohungen → Risiken → Security-Anforderungen.
- Du übernimmst das Ergebnis: Security-Anforderungen einpflegen, Herkunft (TARA) dokumentieren, Prüfmethode / Nachweis ergänzen, Traccability sicherstellen.

Branchennotiz

- Automotive: ISO/SAE 21434, UN R155, CSMS.
- Luftfahrt: DO-326A, DO-356A, EASA/FAA Cybersecurity Regulations.
- Branchen übergreifende Norm: ISA/IEC 62443.

Regulatory-Relevanz (Zulassung)

Regulatory Relevanz besteht, sobald gesetzliche, normative oder behördliche Vorgaben erfüllt werden müssen, damit ein Produkt betrieben, vermarktet oder freigegeben werden darf.

Was musst Du als RE dann tun?

- Kategorie setzen: Das Element/Bedürfnis/Artefakt als *regulatory relevant* markieren.
- Regulatory-/Compliance-Team einschalten: Sofort, früh, proaktiv. **Wichtig:** Du triffst keine Bewertung – Du erkennst nur den Auslöser.
- Kontext liefern: Einsatzumgebung, Systemgrenze, Szenarien, Schnittstellen, betroffene Rollen, Betriebsmodi.
- Regelquelle angeben: Norm, Gesetz, Richtlinie, Abschnitt, Version.

Was passiert danach?

- Fachteam prüft die Vorgaben: Welche Regel gilt, welche Pflichten folgen daraus, welche Anforderungen sind abzuleiten?
- Regulatorische Anforderungen entstehen: Prüfpflichten, Dokumentationsanforderungen, Sicherheits- oder Zulassungsnachweise.
- Du übernimmst das Ergebnis: Anforderungen einpflegen, Ursprung dokumentieren, Prüfmethode/Nachweis ergänzen, Traceability sicherstellen.

Branchennotiz

- Automotive: UNECE R155, R156, Typgenehmigung.
- Medizin: MDR/FDA, IEC 62304, IEC 60601, klinische Vorgaben.
- Bauwesen: LBO, DIN/Eurocodes, Brandschutz.
- Luftfahrt: DO-178C, DO-254, CS-25.

Quick Win

Erstelle mit erfahrenen Kollegen eine Liste von wesentlichen Kategorien, die in eurem Projekt von elementarer Wichtigkeit sind und füge diese eurem Template für Anforderungen hinzu.
Im Hinblick auf Metriken: Passe deine Metriken an und kontrolliere, ob die Kategorien entsprechend befüllt werden und mit welchen Werten.
Im Hinblick auf KVP: Erfrage im Projektteam, ob weitere Unterscheidungen wichtig sind oder ob es zu Schwierigkeiten beim Einordnen kommt. Erfasse die Rückmeldungen und verbessere deinen Prozess.

Das Praxisbeispiel (USB-Webcam):

Nachdem in den vorherigen Regeln die Stakeholder-Bedürfnisse ermittelt, der Systemkontext festgelegt und daraus klare, überprüfbare Systemanforderungen abgeleitet wurden, folgt in Regel 5 nun deren **Kategorisierung**.

Die Einordnung jeder Anforderung in passende Kategorien, z.B. funktional oder nicht-funktional, oder regulatorische Relevanz, sorgt für ein gemeinsames Verständnis, erleichtert Priorisierung, Bewertung und Traceability und stellt sicher, dass Qualität, Risiken und Nachweispflichten frühzeitig sichtbar werden.

ID	Anforderungstext	Typ	Regulatorische Relevanz
SYS001	Das System muss Videobilder mit einer Auflösung von 1080p (1920x1080) bei einer stabilen Bildrate von 30 fps ausgeben.	Nicht-funktional (Qualität – Auflösung, Bildrate)	Nein
SYS002	Das System muss ohne jegliche Treiberinstallation über USB nach weniger als 5 Sekunden nutzbar sein und den UVC-Standard vollständig unterstützen.	Funktional (Schnittstelle / Interoperabilität)	Ja – UVC-Standard
SYS003	Das System muss die Belichtung automatisch an wechselnde Lichtverhältnisse (Änderung von 200 lx → 800 lx) innerhalb 1 Sekunde anpassen.	Nicht-funktional (Performance / Qualität)	Nein
SYS004	Das System muss ein Objekt im Nahbereich von 1 m automatisch erfassen und innerhalb 0.5 Sekunden scharfstellen.	Nicht-funktional (Performance)	Nein
SYS005	Das System muss bei Beginn der Übertragung innerhalb 0.2s eine LED einschalten.	Nicht-funktional (Usability / Transparenz)	Ja – Datenschutz / Transparenzpflicht

Tabelle 2-11 Kategorisierte Systemanforderungen der USB-Webcam

Sobald eine Anforderung eindeutig kategorisiert ist, ist klar, welche Prüfaspekte gelten und wer sie bewerten muss.
Damit beginnt der nächste Schritt: *Regel 6.*

2.6 Regel 6: Anforderungen überprüfen und genehmigen

Warum ist das wichtig?
Sobald eine Anforderung vollständig beschrieben und korrekt kategorisiert ist (Regel 5), wird sie in Regel 6 formal überprüft, bevor sie umgesetzt werden darf.

Ziel
Eine Anforderung ist genehmigt, wenn:

- alle Qualitätsmerkmale aus Regel 3 erfüllt sind,
- alle Mängel behoben wurden,
- alle Rollen ihren Prüfaspekt bestätigt haben,
- der Status eindeutig gesetzt ist.

Dies bildet die Grundlage für Metriken (Fehlerarten und Häufigkeit – Pareto: Arten der Review-Mängel) und den KVP-Prozess.

Was wird geprüft und wie?
Die Prüfung verwendet die Qualitätsmerkmale aus Regel 3:

- Prüfaspekte wie notwendig, angemessen, eindeutig, vollständig, atomar, etc.
- Formale Überprüfungen und Inspektionen anhand von Checklisten
- Gemeinsame Durchsicht, oder moderierte Prüfung bei komplexen Anforderungen

Typische Fehler

- kein atomarer Aspekt (Indiz: mehrere UND Satzverknüpfungen)
- kein messbares, prüfbares Kriterium
- die erstellende Person der Anforderung überprüft seine eigenen Anforderungen
- keine oder mangelhafte Überprüfung der Rückverfolgbarkeit (Regel 4)

Typischer Review-Workflow:

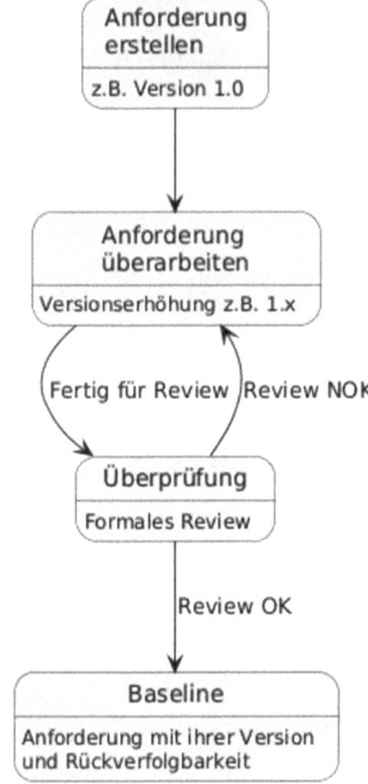

Abbildung 2-8 Review Workflow

Review-Workflow (Kurzversion für die Praxis)

1. Selbst-Check (Requirements Engineer)

- Qualitätsmerkmale aus Regel 3 prüfen
- Pflichtattribute vollständig
- Traceability hergestellt:
  Bedürfnis → Systemanforderung
- Status „In Überprüfung" gesetzt

2. Fachliches Review (neutrale Prüfer) - Rollen (Fachbereiche) und Prüffokus:

- *Produktverantwortung (PO):*
  Notwendig, korrekt, angemessen
- *Architektur:*
  Vollständig, machbar, konsistent
- *Test:*
  Eindeutig, verifizierbar, klare Kriterien
- *Safety/Security:*
  Konformität *(falls relevant)*
- *QA/PM:*
  Prozess- & Normkonsistenz *(falls relevant)*

3. Mängel erfassen

- Prüfaspekt + Begründung
- Fehlerart (nur ID)
- Eintrag in Review-Mängel-Liste (→ KVP)

4. Mängelbehebung (Requirements Engineer)

- Anpassung
- ggf. Version erhöhen
- Re-Review durch die gleichen Reviewer

5. Freigabe setzen

- alle Prüfer einverstanden → Status „Genehmigt"
- Review-Nachweis ablegen
- RE initiiert die Erstellung einer Baseline inklusive der Traceability

Prüfaspekte
Im folgenden Diagramm sind die zentralen Prüfaspekte für Reviews kompakt zusammengefasst. Sie beziehen sich auf die Qualitätsmerkmale aus Regel 3 und ergänzen diese um Rückverfolgbarkeit (Regel 4), Konsistenz und Kategorisierung (Regel 5).

Wichtig
Die zu prüfenden Aspekte unterscheiden sich je nach Anforderungsebene (z. B. System-, Mechanik-, Software- oder Hardwareanforderung). Rückverfolgbarkeit, Kontext und Schnittstellen müssen daher immer im jeweiligen Ebenen-Kontext bewertet werden.

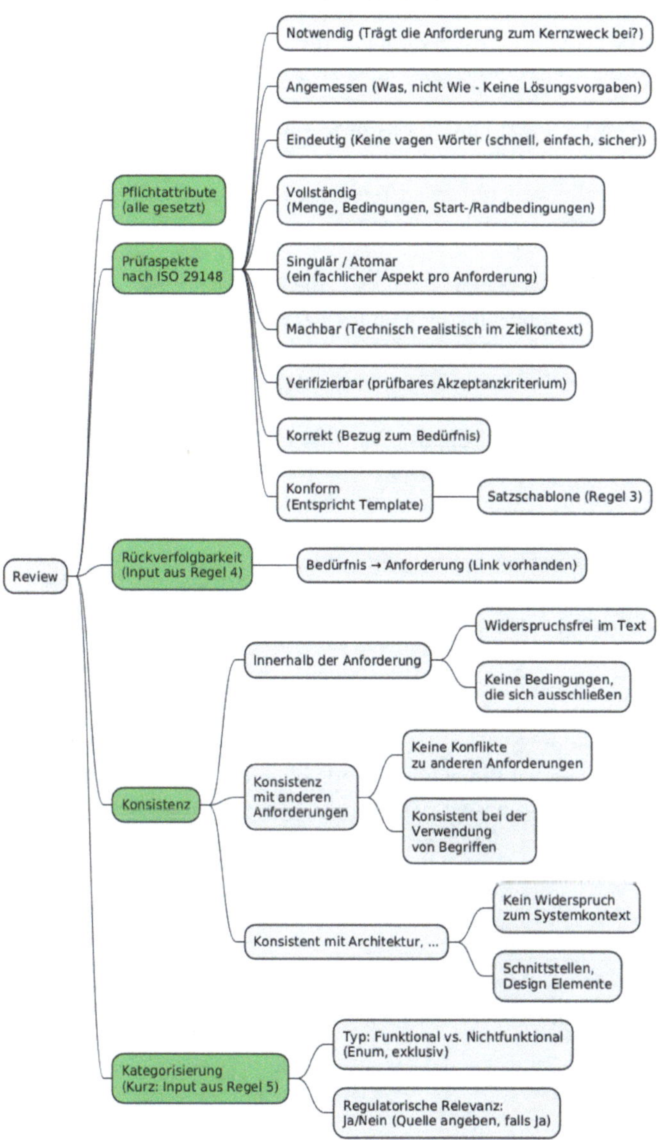

Abbildung 2-9 Review Prüfaspekte

Baselines
Eine Baseline ist ein archivierter, eingefrorener und damit unveränderbarer Referenzstand aller relevanten Artefakte, *einschließlich ihrer Versionen,* zu einem definierten Zeitpunkt.

Sie umfasst nicht nur die Anforderungen selbst, sondern – abhängig vom verwendeten Tool – auch deren Traceability sowie alle weiteren arbeitsrelevanten Artefakte, die zu diesem Zeitpunkt als maßgeblich gelten.

Je nach verwendetem Tool kann die Versionierung eines Artefakts unterschiedlich umgesetzt sein. Ein einfaches Schema nutzt fortlaufende ganze Zahlen (1,2,3, …).
Andere Verfahren reservieren Ganzzahlen ausschließlich für Baselines (1.0, 2.0, 3.0, …), während Änderungen zwischen den Baselines über Dezimalstellen oder Unterversionen (0.1, 0.2, 0.3, 1.1, 1.2) gekennzeichnet werden.

Wichtig
Wenn diese Baseline als verbindlicher Ausgangspunkt für nachgelagerte Projektphasen verwendet werden soll, dann sollten die wesentlichen Attribute, die das Artefakt definieren, *schreibgeschützt* werden.
Wird der Anforderungstext nachträglich geändert (siehe Abbildung – Änderung 1.1), während der Status weiterhin „genehmigt" bleibt, gilt dies als *Manipulation* und kann die nachfolgenden Projektphasen erheblich beeinflussen.

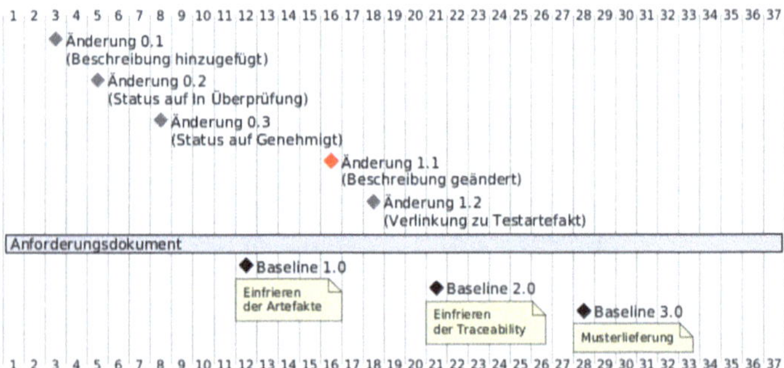

Abbildung 2-10 Zeitstrahl Baseline Konzept

Um solche Situationen zu verhindern, implementieren gängige RE-Tools einen klar definierten **Lebenszyklus für jedes Artefakt**. Je nach Status sind Änderungen entweder vollständig gesperrt oder nur in einem klar definierten Rahmen zulässig.

Eine Anforderung durchläuft die Phasen „Entwurf“ und „In_Überprüfung“, bevor sie als „Genehmigt“ freigegeben wird, wobei relevante Attribute eingefroren, und eine Baseline erstellt werden. Wird eine Anforderung, während der „In_Überprüfung“ als nicht notwendig oder umsetzbar befunden, wird sie explizit als „Abgelehnt“ markiert, was die Nachvollziehbarkeit gewährleistet. Änderungen an genehmigten Anforderungen erfolgen ausschließlich über einen formalen Änderungsantrag (Regel 10), der sie zurück in den Status „Entwurf“ versetzt. Dieses Modell gewährleistet eine klare Definition und Kontrolle über den Status jeder Anforderung, unterstützt die Rückverfolgbarkeit über den gesamten Lebenszyklus und stellt sicher, dass Änderungen formal gesteuert werden, was z.B. für die ASPICE-Konformität unerlässlich ist.

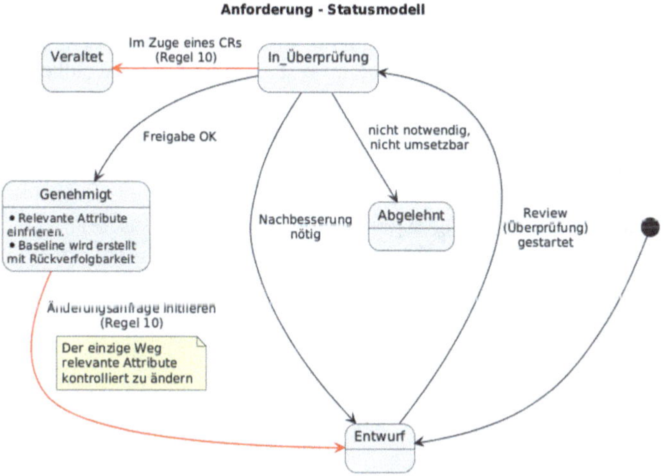

Abbildung 2-11 Statusmodell Lebenszyklus

Ein Baseline Konzept muss daher stets im Zusammenhang mit dem Lebenszyklus des Artefakts betrachtet werden, damit Archivierung und Änderungssteuerung konsistent greifen. Auf diese Weise ist nach einem Review gewährleistet, dass alle Beteiligten mit dem identischen, freigegebenen Anforderungsstand arbeiten.

Grundsätzlich dienen Baselines als Nachweise in Audits, Meilensteinprüfungen oder Versionsvergleiche.

Hinweis: KVP Feedbackschleife für die Anforderungsüberprüfung
Die im KVP-Abschnitt (1.5.4) vorgestellten Metriken – insbesondere Fehlerarten, deren Häufigkeiten sowie die zugehörigen Maßnahmen – liefern wertvolle Anhaltspunkte für die Verbesserung der Anforderungserstellung und des Review-Prozesses. Sie helfen sichtbar zu machen, welche Prüfaspekte in Regel 6 besonders häufig zu Mängeln führen und wo Vorlagen gezielt verbessert werden sollten.

Quick Win
Lege frühzeitig zu Projektbeginn fest, welche Rollen welche Prüfaspekte verantworten und wie diese dokumentiert werden. Erst wenn alle Mängel eindeutig nachvollziehbar behoben sind, wird die Anforderung auf „genehmigt“ gesetzt.

Sind alle Anforderungen genehmigt und in einer Baseline festgehalten, können sie zur Unterstützung der Umsetzung priorisiert werden – siehe Regel 7.

Das Praxisbeispiel (USB-Webcam):

Die Systemanforderung **SYS001** kann nun überprüft werden:

ID	Anforderungstext	Akzeptanzkriterium
SYS001	Das System muss Videobilder mit einer Auflösung von 1080p (1920x1080) bei einer stabilen Bildrate von 30 fps ausgeben.	Im Labortest liefert die Kamera stabil ≥ 30 fps bei 1080p.

Tabelle 2-12 Systemanforderung SYS001

Auf dieser Grundlage kann die Anforderung nun überprüft werden. NA (Not Applicable) kennzeichnet Prüfaspekte, die für diese Anforderung nicht relevant oder nicht anwendbar sind.

Prüfaspekt	Rolle (Reviewer)	Ergebnis	Kommentar
Notwendig	PO	OK	Bildqualität ist ein direktes Nutzerbedürfnis (ST001).
Angemessen	PO	OK	Keine technische Lösung vorgeschrieben (reines Was).
Eindeutig	PO, Testteam	NOK	„stabile Bildrate" ist interpretierbar; Bedingungen fehlen.
Vollständig	PO, Architektur	NOK	Keine Startbedingungen (Licht, Bewegung, Dauer der Aufnahme) definiert.
Singulär, Atomar	PO	OK	Ein einzelner Qualitätsaspekt (Auflösung/Bildrate).
Machbar	PO, Architektur	OK	1080p/30fps technisch realistisch im Zielsegment.
Verifizierbar	Testteam	OK	Messbar durch Labortest.
Korrekt	PO, Architektur	OK	Direkte Ableitung aus dem Bedürfnis „Gute Bildqualität".
Konform	-	NA	Keine regulatorische/sicherheitsrelevante Relevanz.
Konsistenz	PO, Architektur	OK	Keine Konflikte mit anderen Anforderungen.

Tabelle 2-13 Review Ergebnis SYS001

Erkannte Review-Mängel (strukturierte Ergebniserfassung)

Anforderungs-ID	Prüfaspekt (Fehlerart-ID)	Begründung
SYS001	FEHLERART_03	„Stabil" ohne Bedingungen → nicht eindeutig genug.
SYS001	FEHLERART_04	Keine Prüfbedingungen → nicht vollständig spezifiziert.

Tabelle 2-14 SYS001 Review Fehlerarten

Vorher

ID	Version	Anforderungstext	Akzeptanzkriterium
SYS001	1	Das System muss Videobilder mit einer Auflösung von 1080p (1920x1080) bei einer stabilen Bildrate von 30 fps ausgeben.	Im Labortest liefert die Kamera stabil ≥ 30 fps bei 1080p.

Tabelle 2-15 SYS001 vor dem Review

Nachher (behobene Mängel)

ID	Version	Anforderungstext	Akzeptanzkriterium
SYS001	2	Das System muss Videobilder in einer Auflösung von mindestens 1080p (1920×1080) bei stabil ≥ 30 fps über die gesamte Dauer einer kontinuierlichen Aufnahme liefern. Die Messung erfolgt unter standardisierten Laborlichtbedingungen (500 lx).	Im standardisierten Labortest (500 lx) liefert die Kamera während einer kontinuierlichen Aufnahme durchgehend eine Bildrate ≥ 30 fps bei einer Auflösung von mindestens 1080p (1920×1080), ohne Bildaussetzer oder Schwankungen unterhalb des Grenzwertes.

Tabelle 2-16 SYS001 nach dem Review

Ergebnis der Überprüfung

- Alle Mängel wurden behoben.
- Die Überprüfer bestätigen Eindeutigkeit, Vollständigkeit und Prüfbarkeit.
- Änderung von Version 1 auf Version 2
- SYS001 erhält den Status „genehmigt", Version 3.
- Der Requirements Engineer erstellt jetzt eine Baseline (BSL_1) zur Freigabe für Design und Umsetzung.

Änderungen aufgrund von Mängeln und die daraus folgende Versionserhöhung sind Teil des normalen Erstellungsprozesses. Sie gelten nicht als formale Änderung, sondern als Mängelbehebung innerhalb der Definitionsphase.

Das folgende Diagramm zeigt einen Ausschnitt, wie sich eine Systemanforderung über mehrere Versionen hinweg entwickelt und in einer **Baseline BSL_1** eingefroren wird. Gleichzeitig macht es die bidirektionale Rückverfolgbarkeit zwischen Bedürfnis, Anforderungsversionen und Baseline sichtbar.

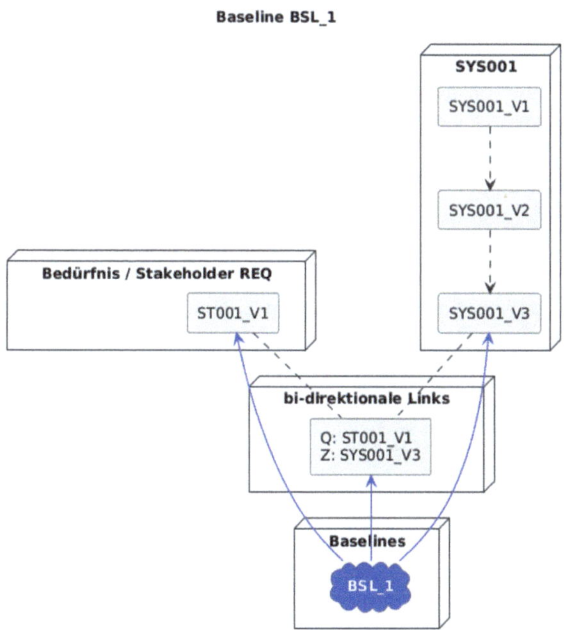

Abbildung 2-12 USB-Webcam Baseline BSL_1

Inhaltliche Änderungen an bereits genehmigten Anforderungen – etwa neue oder geänderte Kundenbedürfnisse – werden erst nach der Definitionsphase betrachtet und sind Teil des formalen Änderungsprozesses gemäß Regel 10.

2.6.1 Systemdesign

Nachdem die Anforderungen genehmigt sind, wechselt der Entwicklungsprozess erstmals **vom fachlichen „Was?" zum technischen „Wie?"**.
Da viele Architekturentscheidungen direkt beeinflussen, wie Anforderungen umgesetzt werden können, und umgekehrt bestimmte Anforderungen neue technische Entscheidungen erfordern, arbeiten Requirements Engineering und Systemarchitektur in dieser Phase besonders eng zusammen.
Damit beginnt die Systemdesign-Phase.

Das Systemdesign wird nur so weit erläutert, wie es für das Praxisbeispiel und den Ablauf im V-Modell notwendig ist. Ziel ist es zu zeigen, wie sich Anforderungen (Regel 3) und Systemkontext (Regel 2) in konkrete Systemelemente und Schnittstellen überführen lassen und wie daraus eine konsistente Traceability entsteht.
Als erster Schritt werden die Anforderungen den relevanten Systemelementen und Schnittstellen zugeordnet:

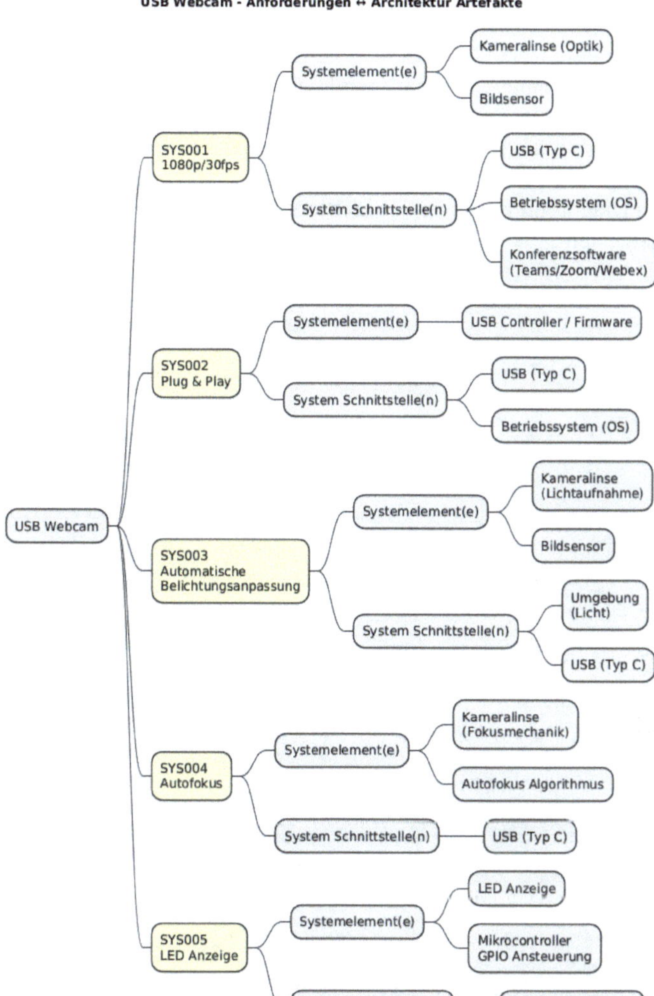

Abbildung 2-13 USB-Webcam Mapping Anforderung, Design

Im nächsten Schritt entsteht die Systemarchitektur. Sie beschreibt den technischen Aufbau des Systems, ordnet die identifizierten Elemente strukturiert an und legt ihre Beziehungen zueinander fest.

Das Design ist entscheidend dafür, **wie** eine Anforderung technisch realisiert wird und bildet zugleich die Grundlage für die spätere Rückverfolgbarkeit zu Architektur-Elementen. Die eigentliche Architektur wird typischerweise in spezialisierten Tools (wie Rhapsody, Enterprise Architect) modelliert; die Dokumentation kann sich dabei an etablierten Templates wie arc42 orientieren. Im Diagramm ist die **vereinfachte System Architektur** dargestellt:

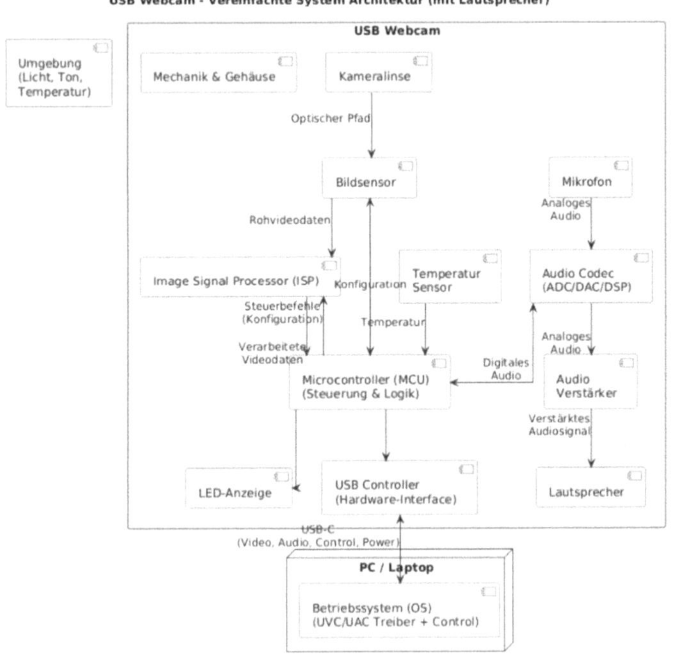

Abbildung 2-14 USB-Webcam System Architektur

Sobald die Architektur modelliert und die Systemelemente (inklusive aller relevanten Architektur Artefakte wie Bausteine, Schnittstellen, Laufzeitstrukturen, Qualitätskonzept) eindeutig definiert sind, lassen sich diese präzise mit den genehmigten Anforderungen verknüpfen. Erst jetzt kann die vollständige und belastbare Rückverfolgbarkeit hergestellt werden – von den Bedürfnissen über die Systemanforderungen bis hin zu den Architektur-Elementen.

USB-Webcam Rückverfolgbarkeit: Bedürfnis → Anforderung → Architektur

USB Webcam

Bedürfnis: Gute Bildqualität
SYS001 1080p/30fps
Kameralinse
Bildsensor
Image Signal Processor (ISP)
Microcontroller (MCU)
USB Controller
Betriebssystem (OS)
Konferenzsoftware

Bedürfnis: Plug & Play
SYS002 UVC in ≤5 s ohne Treiber
USB Controller
Microcontroller (MCU)
Betriebssystem (OS)
Konferenzsoftware

Bedürfnis: Automatische Belichtung
SYS003: Belichtung 200→800 lx in ≤1 s
Kameralinse
Bildsensor
Image Signal Processor (ISP)
Microcontroller (MCU)
Umgebung (Licht)
USB Controller

Bedürfnis: Sehr schneller Autofokus
SYS004: Autofokus in ≤0,5 s bei 1 m
Kameralinse
Image Signal Processor (ISP)
Microcontroller (MCU)
USB Controller

Bedürfnis: LED Anzeige bei aktiver Kamera
SYS005: LED an bei Start in ≤0,2 s
LED Anzeige
Microcontroller (MCU)
Betriebssystem (OS)

Abbildung 2-15 USB-Webcam Rückverfolgbarkeit

In realen Entwicklungsprojekten – z. B. gemäß ASPICE – folgen auf das Systemdesign zunächst HW-, SW- und ME-Anforderungen und anschließend das entsprechende Design (z. B. Software-Architektur, Software Detailed Design). Im Praxisbeispiel bleibe ich bewusst auf Systemanforderungs-, Systemdesign- und Umsetzungsebene, um die RE-Regeln kompakt darzustellen.

Sobald dieses Systemdesign steht und alle relevanten Systemelemente, Schnittstellen und Abhängigkeiten sichtbar sind, stellt sich unmittelbar die Frage, in welcher Reihenfolge die Anforderungen umgesetzt werden sollen. Damit beginnt Regel 7: Anforderungen priorisieren.

2.7 Regel 7: Anforderungen priorisieren

Warum ist das wichtig?
Die Priorisierung von Anforderungen ist essenziell, weil Ressourcen (Zeit, Budget, Personal) immer begrenzt sind. Ohne Priorisierung riskierst du, dass wichtige Anforderungen zu spät oder gar nicht umgesetzt werden, während weniger relevante Features Ressourcen binden. Zudem kommen Anforderungen gesetzlicher, regulatorischer oder sicherheitsrelevanter Art, die die Abnahme verhindern können, wenn sie nicht rechtzeitig und regelkonform umgesetzt wurden.

Wesentliches Prinzip heute
Die Priorisierung findet heute nicht im RE-Tool statt, sondern im agilen Planungssystem (z. B. Jira, Microsoft Azure Boards). Das RE-Tool definiert was notwendig ist – Jira steuert wann es umgesetzt wird.
Üblicherweise werden einzelne Anforderungen im Planungssystem zu logischen funktionalen Einheiten zusammengefasst (z. B. „Funktion A“, „Funktion B“). Diese Funktionen werden anschließend den geplanten Lieferterminen zugeordnet, die zuvor mit dem Kunden vereinbart wurden.
Damit entsteht eine direkte Verbindung zwischen:

- den im RE definierten notwendigen Fähigkeiten und
- den Lieferverpflichtungen gegenüber dem Kunden.

Die Priorisierung orientiert sich daher nicht nur am fachlichen Nutzen oder Risiko, sondern auch daran, welche Funktionen in welchen Lieferpaketen zugesagt wurden.

Moderne Vorgehensweise

Schritt 1: Anforderung im RE-Tool klar definieren

Anforderungen werden professionell geführt (Versionierung, Review, Metriken, Traceability). Sie selbst enthalten keine technische Priorität, um neutral und stabil zu bleiben.

Schritt 2: Umsetzungseinheit erzeugen (Story, Epic, Work Item)

Für jede Anforderung wird eine oder mehrere „User Stories“ erstellt, die die Umsetzung repräsentieren. **Wichtig**: Die Story ist eine *Planungs- und Umsetzungsaufgabe*, keine Anforderung.

Schritt 3: Traceability herstellen

Jira unterstützt Links zwischen Stories und Anforderungen. Dadurch bleibt nachvollziehbar, welche Story welche Anforderung erfüllt. Wichtig für Metriken.

Schritt 4: Priorisierung im Backlog

Die Priorisierung erfolgt ausschließlich im Backlog – nicht im RE-Tool.
Gängige Mechanismen:

- Jira Priority-Feld (Hoch, Mittel, Niedrig)
- Backlog Ranking (Drag & Drop)
- MoSCoW („Must / Should / Could / Won’t“)
- RICE, Kano, WSJF, Value vs. Effort

Produktverantwortliche (Product Owner) priorisieren üblicherweise Stories nach:

- Kundennutzen
- Risiken (technisch, Safety, Security, Regulierung)
- Abhängigkeiten
- Aufwand
- Compliance-Notwendigkeiten

Wer priorisiert?
In agilen Projekten mit entsprechenden Rollen übernimmt die Priorisierung üblicherweise der Produktverantwortliche (Product Owner) in Abstimmung mit dem Funktionsverantwortlichen (Function Owner). In klassischen Projekten übernehmen diese Aufgabe meist die Projektleitung in enger Abstimmung mit Fachverantwortlichen, Architektur, Qualitätssicherung und – bei regulatorisch relevanten Themen – auch mit Compliance- oder Safety-Rollen.

Priorisierungskriterien

Nutzer- und Geschäftsrelevanz (Business Value)

- Kundenzufriedenheit
  Wie stark trägt die Anforderung zur Zufriedenheit der Nutzer oder Kunden bei?
- Geschäftswert
  Welchen Beitrag leistet die Anforderung zur Erreichung der Unternehmensziele?

Aufwand und Ressourcen

- Kosten
  Wie teuer ist die Umsetzung?
- Aufwand
  Wie hoch ist der Aufwand, die Anforderung umzusetzen?

Risiken und technische Komplexität

- Risiko
  Welches technische Risiko ist mit der Umsetzung dieser Anforderung verbunden?
- Abhängigkeiten
  Gibt es andere Anforderungen, die zuerst umgesetzt werden müssen?

Sicherheit und regulatorische Anforderungen

- Cybersecurity
  Gibt es Anforderungen, die die IT-Sicherheit, den Datenschutz oder den Schutz vor Manipulation betreffen?
- Funktionale Sicherheit/Sicherheitslevel
  Wie hoch ist der ASIL (Automotive), SIL (Industrie), DAL (Luftfahrt) oder das Sicherheitslevel nach branchenspezifischer Norm?
- Branchenspezifische Zulassung
  Gibt es Anforderungen, die für die Zulassung oder Zertifizierung des Produkts in der jeweiligen Branche zwingend sind (z. B. Medizinproduktegesetz, Luftfahrtzulassung, Bauabnahme)?
- Rechtliche und regulatorische Vorgaben
  Gibt es zwingende, sicherheitskritische Anforderungen?

Priorisierungsmethoden

- MoSCoW-Methode: Klassifiziert Anforderungen in „Muss-Anforderungen", „Soll-Anforderungen", „Kann-Anforderungen" und „Wird-nicht-umgesetzt-Anforderungen".
- Kano-Modell: Methode zur Analyse von Kundenzufriedenheit in Bezug auf verschiedene Merkmale. Sie kategorisiert Anforderungen in Basisanforderungen, Leistungsanforderungen und Begeisterungsanforderungen, um eine kundenorientierte Priorisierung zu ermöglichen.
- Nutzen-Aufwand-Vergleich, exemplarisch dargestellt:

Nutzen	Aufwand	Priorität
Hoch	Gering	Hoch (sofort umsetzen)
Hoch	Hoch	Mittel (frühzeitig planen)
Niedrig	Hoch	Niedrig (optional)
Niedrig	Niedrig	Niedrig

Tabelle 2-17 Nutzen-Aufwand-Priorität

Vereinfachtes Priorisierungsprinzip (eigene Heuristik):

Priorität	Wann wähle ich diese Stufe?
Hoch	Die Anforderung ist zwingend notwendig für Kernfunktion, Abnahme, Sicherheit oder gesetzliche/regulatorische Vorgaben. Die Anforderung ist eine technische Schlüsselabhängigkeit, von der mehrere andere Anforderungen abhängen. Die Anforderung birgt ein hohes technisches Risiko, dessen frühzeitige Umsetzung nötig ist, um Probleme früh sichtbar und beherrschbar zu machen.
Mittel	Die Anforderung ist wichtig, aber nicht zwingend für die Kernfunktion, Abnahme oder Sicherheit. Sie bringt spürbaren Mehrwert (Begeisterungsfaktor). Sie ist nicht kritisch. Beispiel: Komfortfunktion, die die Nutzerfreundlichkeit steigert bei moderatem Aufwand und Risiko.
Niedrig	Die Anforderung ist für das aktuelle Ziel (Lieferfokus) nicht relevant, besitzt keinen unmittelbaren Einfluss auf Kernfunktion, Abnahme oder Sicherheit und hat keine kritischen Risiken oder Abhängigkeiten. Sie kann zeitlich verschoben werden, ohne andere Funktionen oder den Projektfortschritt zu blockieren.

Tabelle 2-18 Vereinfachtes Priorisierungsprinzip

Das hier verwendete Priorisierungsprinzip basiert bewusst auf nur drei Stufen.
Drei Stufen sind kognitiv leicht erfassbar, ermöglichen schnelle Entscheidungen und führen in der Praxis zu deutlich weniger Abstimmungsaufwand als feinere Skalen. Die Einteilung orientiert sich an der etablierten **Ampellogik** und unterstützt eine klare, stabile Planung ohne unnötige Komplexität.

Wichtig für klassische RE-Prozesse:
Genehmigte Anforderungen werden umgesetzt.
Die Priorisierung dient daher *nicht* als Filtermechanismus, um Anforderungen auszuschließen, sondern als Steuerungsinstrument für Reihenfolge, Risiko, Abhängigkeiten und Planbarkeit.
Achten sie deshalb darauf, dass keine Widersprüche entstehen, wenn Anforderungen und Umsetzungsartefakte in unterschiedlichen Tools gepflegt werden oder unterschiedliche Rollen an der Priorisierung beteiligt sind.

Tipps
Anforderungen mit starken Abhängigkeiten müssen früh umgesetzt werden, weil sie die Grundlage für andere Funktionen bilden. Technisch risikoreiche Anforderungen sollten ebenfalls früh realisiert werden, damit Probleme rechtzeitig sichtbar werden. Da solche Risiken oft erst im Design erkannt werden, ist eine enge Zusammenarbeit mit Projektleitung, Systemarchitekten und Entwicklern wichtig; der Systemarchitekt bewertet technische Risiken, während der Requirements Engineer sie durch klare und präzise Anforderungen von Beginn an minimiert.
Früh umsetzen heißt: Risiken entschärfen, Blockaden vermeiden, Projekt stabil halten.

Quick Win
Um die genannten Prinzipien direkt im Projektalltag umzusetzen, definiere ein neues Attribut „Priorität" in deiner Anforderung oder in deinem Planungs- und Umsetzungsartefakt (wie Story, Work Item) und priorisiere nach dem vereinfachten Priorisierungsprinzip. Damit entschärfst Du Risiken früh und vermeidest Blockaden.

Das Praxisbeispiel (USB-Webcam):

Nachdem die Methoden zur Priorisierung erläutert wurden, folgt nun die praktische Anwendung: Die im Projekt definierten Anforderungen werden nach dem **einfachen Priorisierungsprinzip** bewertet.

ID	Kurzbeschreibung	Priorität	Begründung
SYS001	1080p/30fps	**Mittel**	Wichtig für Nutzererlebnis und Produktqualität, aber nicht kritisch für Basisfunktion oder regulatorische Anforderungen.
SYS002	Plug & Play über USB/UVC	**Hoch**	Grundlegende Voraussetzung für Betrieb; ohne UVC-Interoperabilität ist das Produkt nicht verwendbar; regulatorische/normative Relevanz.
SYS003	Automatische Belichtungsanpassung (≤ 1 s)	**Mittel**	Relevante Qualitäts- und Performanceeigenschaft, aber kein Show-Stopper für grundlegende Nutzung.
SYS004	Autofokus ≤ 0,5 s	**Niedrig**	Komfort- und Qualitätsfunktion; wichtig, aber nicht entscheidend für grundlegende Nutzbarkeit.
SYS005	LED-Anzeige bei aktiver Aufnahme	**Hoch**	Datenschutz- und Transparenzpflicht; verhindert Fehlbedienung und rechtliche Risiken.

Tabelle 2-19 Die 5 Systemanforderungen priorisiert

Die grafische Darstellung der Priorisierung zeigt das folgende Diagramm:

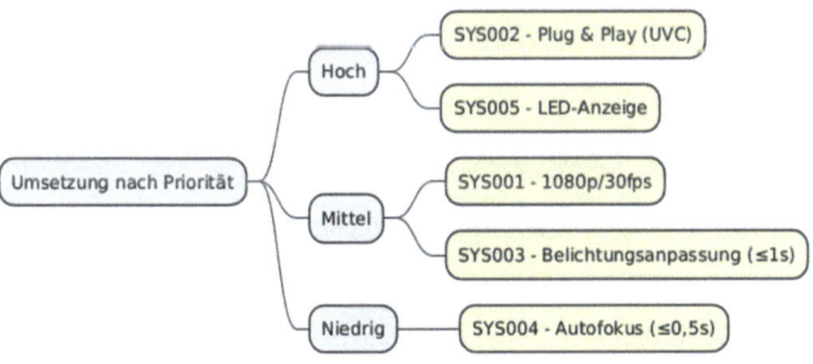

Abbildung 2-16 USB-Webcam Prioritäten

Sobald die Architekturdokumentation für die umzusetzenden, genehmigten Anforderungen abgeschlossen ist, kann der Product Owner die entsprechenden Umsetzungsartefakte anlegen. Dabei berücksichtigt er die im Design definierten Komponenten und Schnittstellen sowie die identifizierten Risiken und Abhängigkeiten.

Auch hier gilt – wie beim Systemdesign –, dass dieser Schritt zwar nicht mehr zum Kern des Requirements Engineerings gehört, jedoch entscheidend ist, um die zuvor definierten Anforderungen in umsetzbare Artefakte zu überführen und damit die Implementierung der Anforderungen nachweisbar zu machen.

Das folgende Diagramm zeigt **ein mögliches Umsetzungsszenario** basierend auf den Prioritäten. Die Darstellung wurde bewusst vereinfacht, um das Prinzip klar und kompakt zu veranschaulichen, sie zeigt ausschließlich die operative Rückverfolgbarkeit auf Umsetzungsebene.

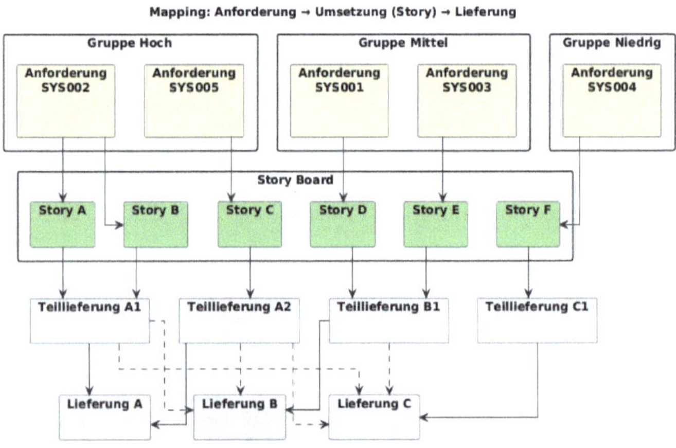

Abbildung 2-17 USB-Webcam Anforderung, Story, Lieferung

Hinweis: Integration in der SW-Entwicklung
In der Softwareentwicklung wird eine implementierte Anforderung nicht einmalig ausgeliefert, stattdessen muss die Funktionalität in allen folgenden Lieferungen weiterhin enthalten sein und konsistent integriert werden. Die gestrichelte

Linie in der Abbildung zeigt diesen Sachverhalt. Die umgesetzte Story (Software) muss in jeder weiteren Teillieferung erneut integriert und getestet werden.
Wird eine Funktion zukünftig nicht mehr benötigt, muss dies über eine formale Änderungsanfrage (siehe Regel 10) gesteuert werden. Eine Anforderung würde in den Status „Veraltet" überführt, das hat einen kontrollierten Rückbau der betreffenden Funktion aus Architektur, Code, Testfällen und Dokumentation zur Folge. Erst nach dieser Anpassung aller betroffenen Artefakte kann die Funktion aus zukünftigen Lieferungen entfernt und die Konsistenz des Systems gewährleistet werden.

Im nächsten Diagramm wird die Rückverfolgbarkeit der Umsetzungsebene in die vollständige Traceability des gesamten bisherigen RE-Prozesses eingebettet.
So wird sichtbar, wie Stories und Lieferpakete mit den zugrunde liegenden Bedürfnissen, den Systemanforderungen und den zugehörigen Architektur-Elementen verknüpft sind. Der Übersicht halber sind die Architektur-Elemente als Block zusammengefasst.

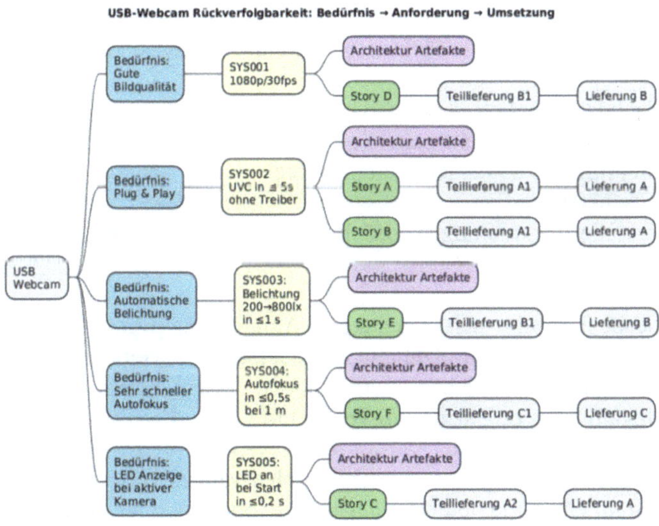

Abbildung 2-18 USB-Webcam Traceability Regel 1-7

Die bisherige Rückverfolgbarkeit zeigt bereits deutlich, **welche Aussagekraft die Traceability besitzt**:

- Sie macht sichtbar, welches Stakeholder Bedürfnis durch welche Systemanforderung erfüllt wird und verhindert so Lücken oder Fehlinterpretationen.
- Sie zeigt welche Systemelemente, Schnittstellen und Architekturkomponenten von einer Anforderung abhängen – technische Abhängigkeiten werden früh transparent.
- Durch die Zuordnung zu Stories und Lieferpaketen wird sichtbar, ob eine Anforderung (oder Stakeholder Bedürfnis) geplant, in Umsetzung oder bereits geliefert ist.
- Die Traceability zeigt außerdem, wo mehrere Anforderungen dieselben Komponenten nutzen – ein früher Hinweis auf mögliche Engpässe oder systemkritische Bereiche.
- Bereits jetzt lässt sich erkennen, dass jede Änderung an einem Bedürfnis oder einer Anforderung eine Kette technischer und organisatorischer Auswirkungen erzeugt – der volle Umfang dieser Impact-Analyse wird in Regel 10 dargestellt, sobald auch Testfälle und Testobjekte rückverfolgbar eingebunden sind.

Nachdem die Anforderungen priorisiert umgesetzt und das entsprechende Arbeitspaket vollständig *integriert* wurde – also ein prüfbares Systemverhalten vorliegt –, stellt sich die entscheidende Frage:
Sind die Anforderungen tatsächlich so realisiert, wie sie spezifiziert wurden?

Genau hier zeigt sich, wie gut eine Anforderung formuliert wurde: Erst die Umsetzung macht sichtbar, ob sie eindeutig, vollständig und objektiv überprüfbar ist – oder ob sich Unklarheiten zeigen, die im Text selbst nicht erkennbar waren.

An dieser Stelle geht es ausschließlich darum zu verstehen, warum eine formale Prüfung nach der Umsetzung notwendig ist. Wie diese Prüfung abläuft, welche Kriterien gelten und wie der Nachweis erfolgt, behandelt die nächste Regel.
Damit führt der Prozess konsequent weiter zu Regel 8: Anforderungen verifizieren.

2.8 Regel 8: Anforderungen verifizieren

Warum ist das wichtig?

Erst nachdem eine Anforderung formuliert (Regel 3), kategorisiert (Regel 5), überprüft und genehmigt (Regel 6) sowie anschließend im Design berücksichtigt und in der Umsetzung realisiert wurde, kann überprüft werden, ob das System diese Anforderung korrekt erfüllt. Genau das ist die Aufgabe der Verifikation.

Sie schafft die Grundlage für einen nachvollziehbaren, auditierbaren Testprozess und ist Voraussetzung für die Produktfreigabe sowie die spätere Validierung.

Verifikation beantwortet die zentrale Frage: „Bauen wir das System richtig?"

oder in anderer Form:

„Erfüllt die umgesetzte Lösung die spezifizierten und genehmigten Anforderungen?"

Obwohl die Verifikation nicht zur operativen Aufgabe des Requirements Engineers gehört, ist sie hier bewusst als goldene Regel aufgenommen – und zwar aus einem guten Grund:

Sie ist der einzige Prozessschritt, der objektiv zeigt, ob Anforderungen, Designentscheidungen und Umsetzung wirklich zusammenpassen. Dadurch liefert sie einen direkten Rückfluss ins Requirements Engineering und deckt systematische Fehler frühzeitig auf.

Ziel und Ergebnis

- **Ziel:** Nachweisen, dass jede genehmigte Anforderung (Regel 6) in Design und Umsetzung korrekt realisiert wurde.
- **Ergebnis**: Für jede Anforderung liegen nachvollziehbare Testergebnisse vor; Abweichungen sind eindeutig dokumentiert, Ursachen analysiert und Folgeschritte angestoßen.

Voraussetzungen (Eingangskriterien)

1. Anforderung liegt genehmigt und versioniert vor (Status & Version).
2. Nachvollziehbare Rückverfolgbarkeit von der Anforderung zu Design/Implementierung ist hergestellt.

Ablauf in 5 Schritten

1. **Testfälle ableiten**
   Aus jeder genehmigten Anforderung werden eindeutige, messbare Testfälle abgeleitet (inkl. Methode, Umgebung, Daten, Bewertungskriterium).
2. **Prüfumgebung vorbereiten**
   Erforderliche Mittel, Daten und Randbedingungen festlegen; Reproduzierbarkeit sicherstellen.
3. **Tests durchführen & dokumentieren**
   Ergebnisse strukturiert erfassen; Zuordnung zur geprüften Anforderungsversion herstellen (ID/Version).
4. **Bewerten & entscheiden**
   Bestanden → Nachweis ablegen.
   Nicht bestanden → Abweichung erfassen, Ursachenanalyse starten (Anforderung, Design, Implementierung, Test).
5. **Rückfluss steuern**
   Notwendige Korrekturen umsetzen (z. B. Präzisierung der Anforderung, Design-Anpassung), anschließend erneut verifizieren. Durch die Traceability ist jederzeit sichtbar, welche Artefakte betroffen sind.

Rollen und Verantwortlichkeiten

- Test/Verifikationsteam: Plant, führt Tests aus, dokumentiert Ergebnisse.
- Requirements Engineer (RE):
  - sorgt für Messbarkeit & Prüfbarkeit der Anforderungen,
  - analysiert Verifikationsergebnisse und initiiert Folgeaktionen bei Abweichungen.

(Die Durchführung der Tests liegt beim Testteam, nicht beim RE.)

Grundsätze für gute Prüfungen

- Eindeutige Kriterien: „Bestanden/Nicht-bestanden“ muss objektiv entscheidbar sein.
- Äquivalenzklassen & Grenzwerte: typische Werte, Extremwerte, Fehlerfälle werden geprüft.
- Reproduzierbarkeit: definierte Umgebung, Daten und Dauer; Ergebnis ist wiederholbar.
- Abdeckung: Jede Anforderung hat mindestens einen Testfall; jeder Testfall prüft genau die zugehörige Anforderung.

Artefakte und Nachweise

- Testfall – ähnliches Datenmodell wie auch bei einer Anforderung (z.B. ID, Version, Methode, Umgebung, Daten, Voraussetzung, Testschritte, Bewertungskriterium).
- Testprotokoll/Ergebnis mit eindeutiger Zuordnung zur Anforderungsversion.
- Abweichungsbericht (Fehlerticket) mit Ursache.
- Hergestellte Rückverfolgbarkeit (Anforderung, Testfall und Ergebnis) für Audit und Wirksamkeitskontrolle.

Sobald eine Anforderung genehmigt ist, wird daraus mindestens ein Testfall abgeleitet, der eindeutig prüft, ob die Umsetzung das spezifizierte Verhalten erfüllt.

Wird dieser Testfall ausgeführt, ergibt sich ein klares Ergebnis: **„Test bestanden“** oder **„Test nicht bestanden“**.

Test bestanden
Der Nachweis ist erbracht – die Anforderung wurde korrekt umgesetzt.

Test nicht bestanden → Fehlerticket
Fällt der Test durch, entsteht ein Fehlerticket, das die Abweichung dokumentiert. Anschließend beginnt die Ursachenanalyse, wie in der nächsten Abbildung dargestellt.

Dabei werden die folgenden Fälle unterschieden:

1. **Implementierungsfehler**
   Ist der Fehler durch eine Anpassung der Umsetzung behebbar, wird diese durchgeführt und der Test anschließend erneut ausgeführt. Besteht der Test, wird das Fehlerticket geschlossen.
2. **Nicht implementierbar**
   Design- oder Anforderungsproblem
   Lässt sich die Abweichung nicht allein durch Umsetzung beheben, wird aus dem Fehlerticket eine **Änderungsanfrage (CR)** gemäß **Regel 10** abgeleitet.
   Hinweis: Der CR stellt sicher, dass alle betroffenen Prozessschritte im gesamten V-Modell geprüft werden.
3. **Test unzureichend**
   Der Test muss überarbeitet und anschließend wiederholt ausgeführt werden.

Statusmodell eines Fehlertickets
Das Statusmodell zeigt, wie sich ein Fehlerticket von der ersten Erfassung über die Analyse bis zur endgültigen Schließung bewegt. Besonders wichtig ist dabei der **CR-Pfad**, da nur er eine formale Rückkopplung zur Anforderung herstellt und somit sicherstellt, dass Fehler in Spezifikation oder Design dauerhaft korrigiert werden.

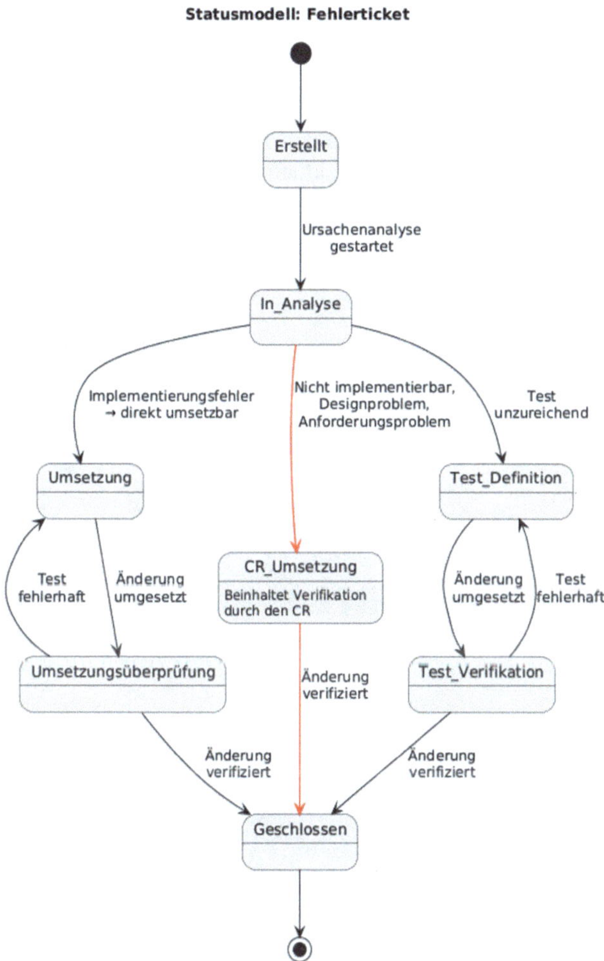

Abbildung 2-19 Statusmodell eines Fehlertickets

Tipps

- Früh planen: Verifikation parallel zur Anforderungsarbeit mitdenken (Akzeptanzkriterium).
- Nicht-funktionale Anforderungen priorisiert prüfen: Späte Änderungen sind teuer.
- Dashboards nutzen: Trends und Problemfelder sichtbar machen (z.B. Fehlertickets pro Anforderung).

Quick Win

Stelle sicher, dass aus einem nicht behebbaren Fehlerticket eine Änderungsanfrage (CR) entsteht. Nur so bleibt die gesamte Kette, von der Anforderung über den Test bis zum Fehlerticket, konsistent und fachlich korrekt aktualisiert.

Das Praxisbeispiel (USB-Webcam):

Ausgangspunkt: Genehmigte Anforderung

Das Testteam leitet auf Basis der genehmigten nicht-funktionalen Anforderung **SYS001** V3 den zugehörigen Testfall ab.

ID	Version	Anforderungstext	Akzeptanzkriterium
SYS001	3	Das System muss Videobilder in einer Auflösung von mindestens 1080p (1920×1080) bei stabil ≥ 30 fps über die gesamte Dauer einer kontinuierlichen Aufnahme liefern. Die Messung erfolgt unter standardisierten Laborlichtbedingungen (500 lx).	Im standardisierten Labortest (500 lx) liefert die Kamera während einer kontinuierlichen Aufnahme durchgehend eine Bildrate ≥ 30 fps bei einer Auflösung von mindestens 1080p (1920×1080), ohne Bildaussetzer oder Schwankungen unterhalb des Grenzwertes.

Tabelle 2-20 SYS001 in Status genehmigt

Abgeleiteter Testfall

Aus SYS001 wird ein eindeutiger, reproduzierbarer Testfall erstellt, der exakt das spezifizierte Verhalten misst. Die Testmethode, Umgebung und Bewertungslogik sind so definiert, dass ein objektives „bestanden/nicht bestanden" möglich ist.

Element	Inhalt
ID	TC001
Version	1 (in genehmigter Version)
Bezug	SYS001
Testmethode	Labortest unter standardisierten Lichtbedingungen
Testumgebung	500 lx, statische Szene. 22 Grad Umgebungstemperatur.
Testdauer	5-minütige Aufnahme. Annahme, dass nach 5 Minuten alle Teile auf Betriebstemperatur sind.
Eingangsdaten	Standardisierte Testsequenz
Sollverhalten	Durchgehend ≥ 30 fps bei 1080p
Bewertungskriterium	Kein Frame-Drop, keine Sekunde unter 30 fps

Tabelle 2-21 Testfall TC001 für SYS001

Die Testfalldurchführung wird geplant und ausgeführt.
Nach der Testdurchführung liegt ein eindeutiges Ergebnis vor: „bestanden" oder „nicht bestanden".
Dieser Schritt erfolgt nicht zufällig, sondern folgt einem klar strukturierten und wiederholbaren Prozess. Die nächste Abbildung zeigt einen möglichen Ablauf.

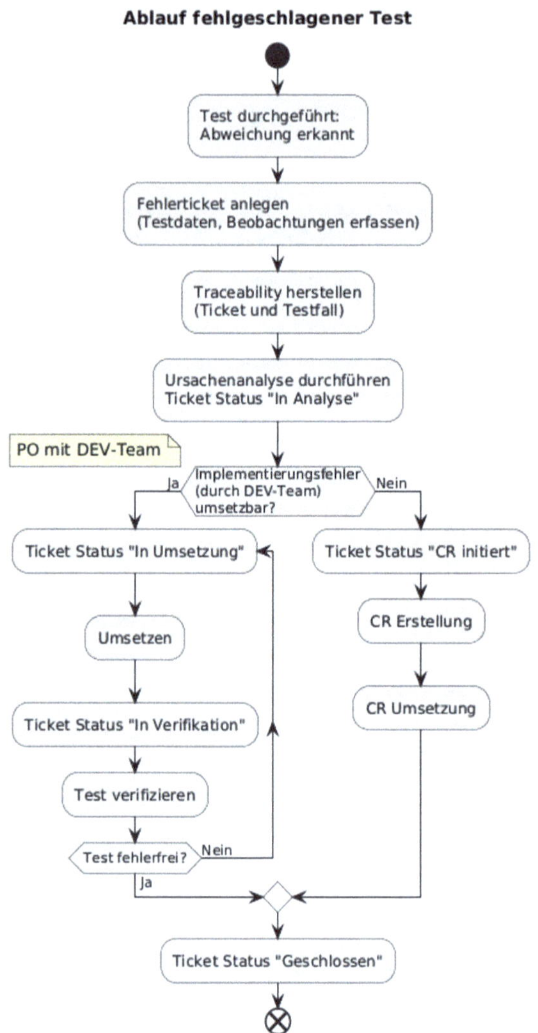

Abbildung 2-20 USB-Webcam Ablauf fehlgeschlagener Test

Dieser strukturierte Ablauf sorgt für eine saubere Nachvollziehbarkeit und stellt sicher, dass jede Abweichung systematisch und prozesskonform behandelt wird.

Rückverfolgbarkeit
Der Testfall TC001 wird mit SYS001 verlinkt.
Diese Verbindung stellt sicher, dass nachvollziehbar ist,

- welche Anforderung getestet wurde,
- welche Version gültig war,
- welche Ergebnisse welcher Anforderung entsprechen.

Dies bildet die Grundlage für spätere Audits, Auswirkungsanalysen und die Bewertung der Testabdeckung.

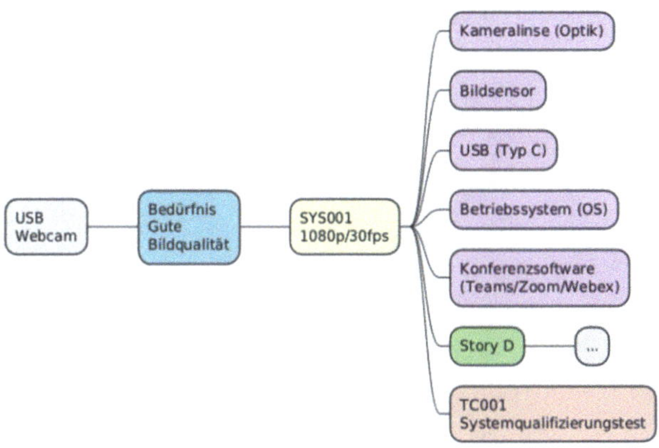

Abbildung 2-21 USB-Webcam Traceability Anforderung, Test

Wichtig
In modernen agilen Entwicklungsprojekten wird ein Testfall nicht einmalig, sondern *regelmäßig mehrfach* ausgeführt (z. B. pro Software-Teillieferung, Sprint, Produkt Iteration, oder nach einem Fix oder Änderung). Daher umfasst die Rückverfolgbarkeit nicht nur die statische Verlinkung von Testfall zu Anforderung, sondern auch die *Historie der Testergebnisse* über die Zeit.

Damit ist die Verifikation für SYS001 abgeschlossen:
Die Anforderung ist eindeutig testbar, der Testfall reproduzierbar abgeleitet und die Rückverfolgbarkeit vollständig hergestellt.
Im nächsten Schritt prüft **Regel 9**, ob das System nicht nur die spezifizierte Anforderung erfüllt, sondern auch im realen Nutzungskontext das zugrunde liegende **Stakeholder Bedürfnis** erreicht – also: **„Bauen wir das richtige Produkt?“.**

2.9 Regel 9: Das Produkt validieren

Warum ist das wichtig?
Validierung beantwortet die entscheidende Frage:
„Erfüllt das Produkt das reale Bedürfnis der Stakeholder?“
Oder anders gefragt:
„Bauen wir das *richtige* Produkt für die vorgesehenen Nutzer – im vorgesehenen Einsatzkontext?“
Während die Verifikation (Regel 9) prüft, *ob* Anforderungen korrekt umgesetzt wurden, stellt die Validierung sicher, *dass* diese Anforderungen tatsächlich die Bedürfnisse der Stakeholder erfüllen.

Die Validierung ist somit der Endpunkt der Wertschöpfung: Sie beweist, ob das Produkt wirklich das tut, was benötigt wird.

Warum ist das eine goldene Regel? – Der entscheidende Rückfluss ins RE
Validierung ist deshalb eine goldene Regel, weil sie den direkten Abgleich zwischen Produkt und ursprünglichen Bedürfnissen ermöglicht.
Sie liefert genau den Personen, die Anforderungen, Systemgrenzen und Bedürfnisse definiert haben, eine Rückmeldung, und zwar aus realer Nutzung, nicht aus Annahmen oder theoretischen Diskussionen.
Sie zeigt im realen Einsatzkontext klar, ob:

- die Bedürfnisse korrekt verstanden wurden,
- die Systemgrenze passend gewählt wurde,
- die Anforderungen das abdecken, was die Nutzer wirklich brauchen,
- oder ob Lücken, Fehleinschätzungen oder unklare Formulierungen existieren.

Damit liefert die Validierung das ehrlichste und wertvollste Feedback für das RE – nicht auf Basis von Meinungen, sondern auf Basis realer Nutzung.

Ziel
Sicherstellen, dass das Produkt den beabsichtigten Gebrauch in der vorgesehenen Zielumgebung zuverlässig und nachvollziehbar erfüllt — mit echten Nutzern und realen Bedingungen.

Wer validiert eigentlich?
Das Requirements Engineering validiert nicht selbst, stellt aber sicher, dass Validierung fachlich möglich, zielgerichtet und sinnvoll ist.
Validiert wird nicht von den Personen, die das System spezifiziert, entwickelt oder getestet haben.
Die Validierung erfolgt durch Rollen, die den realen Nutzungskontext repräsentieren, typischerweise:

- Test & Validierung
- Qualitätssicherung
- Systemtest / End-to-End-Test
- oder direkt: reale Nutzer bzw. Kundenvertreter

Was passiert hier NICHT?

- Keine erneute detaillierte Prüfung einzelner Anforderungen (Regel 9)
- Keine technische Diskussion der Umsetzung
- Keine Priorisierung oder Klassifizierung neuer Anforderungen
- Keine Architektur- oder Designentscheidungen

Was ist das ERGEBNIS?
Ein Validierungsnachweis, bestehend aus:

1. Validierungsszenarien (repräsentative Nutzungssituationen)
2. Durchgeführten Tests / Beobachtungen
3. Ergebnissen & Abweichungen
4. Eindeutiger Ja/Nein-Bewertung jedes überprüften Bedürfnisses
5. Ableitung erforderlicher Maßnahmen

In der Praxis entsteht daraus ein kurzer, auditfähiger: Validierungsbericht oder Validierungsprotokoll.

Wie wird validiert?

- Bedürfnisse aus Regel 1 heranziehen
- Zielumgebung definieren
- Repräsentative Nutzer auswählen
- Nutzung beobachten – ohne Anleitung
- Ergebnis mit Ja/Nein bewerten,
  oder Zufriedenheitsskala (1-10)
- Abweichungen im Validierungsbericht erfassen
  (Rückkopplung KVP)

Mini-Checkliste: Wann gilt die Validierung als bestanden?

1. Ziel im realen Szenario erreicht
2. Ohne Hilfe oder Expertenwissen
3. Ohne kritische Fehlbedienung
4. In angemessener Zeit
5. Mit reproduzierbarem Ergebnis

Fehlt eines dieser Kriterien – Validierung nicht bestanden.

Typische Aktionen und Nachweise

Beispiele:

- Nutzerbeobachtung
- Interviewprotokolle
- Erfolgsmessung
- Zeitmessung
- Fehlerlisten
- Abweichungsberichte
- Fotos, Videos, Logs
- Belastungstests

Tipps

- Plane die Validierung frühzeitig ein
- Nutze unterschiedliche Nutzergruppen (Alter, Erfahrung, Einsatzbereich)
- Teste besonders nicht-funktionale Erwartungen früh (z. B. UX, Robustheit)
- Dokumentiere alle Abweichungen transparent

Quick Win
Führe frühzeitig ein kleines, realistisches Nutzungsszenario mit echten Nutzern durch (z. B. „Webcam für einen echten Videocall anschließen“).

Das folgende Praxisbeispiel zeigt, wie die Validierung (Regel 10) im realen Kontext funktioniert und warum sie sich klar von der Verifikation unterscheidet.

Das Praxisbeispiel (USB-Webcam):

Ein typischer Stolperstein entsteht, wenn ein Stakeholder-Bedürfnis *nur teilweise* in Anforderungen überführt wird.
In Regel 1 wurde das Stakeholder-Bedürfnis
„Gute Bildqualität und Tonqualität"
erfasst, also ein kombiniertes Bedürfnis aus zwei Teilen.

Bei der Ableitung der Systemanforderungen (Regel 3) wurde jedoch nur der Video-Teil in eine Systemanforderung überführt. Der zweite Teil des Bedürfnisses, die Tonqualität, wurde „versehentlich" nicht abgeleitet.

Im anschließenden Review wurde die Rückverfolgbarkeit nicht konsequent geprüft. Dadurch fiel niemandem auf, dass für das ursprünglich kombinierte Bedürfnis nur eine einzige Anforderungen existiert.

Verifikation – SYS001 erfüllt die spezifizierte Anforderung
Die Verifikation prüft ausschließlich, ob SYS001 erfüllt ist, also der Teil des Bedürfnisses, der *formuliert* wurde.
Systemanforderung SYS001 (Auszug – Version 3):

"
Das System muss Videobilder in einer Auflösung von mindestens 1080p (1920×1080) bei stabil ≥ 30 fps über die gesamte Dauer einer kontinuierlichen Aufnahme liefern. Die Messung erfolgt unter standardisierten Laborlichtbedingungen (500 lx).
"

Die Verifikation zeigt:
stabile 30 fps im Labor, konstante 1080p, kein Flackern.
SYS001 – Verifikation bestanden.
Für die Tonqualität existiert keine Anforderung, daher existiert auch kein Testfall.

Wichtig
Die Verifikation kann einen vergessenen Aspekt *nicht erkennen.*
Sie prüft nur das, was spezifiziert wurde.
Keine Anforderung, kein Test.

Validierung – Prüfung des tatsächlichen Nutzerbedürfnisses
Die Validierung prüft nicht die Anforderung, sondern das ursprüngliche Bedürfnis: „Gute Bildqualität und Tonqualität“

Exemplarisch angelegtes Validierungsartefakt:

Element	**Inhalt**
ID	VA001
Version	1
Bezug (Bedürfnis)	ST001 V1– *Gute Bildqualität und Tonqualität*
Bezug (Anforderungen)	SYS001 V3 (Videoqualität)
Validierungsmethode	Realer Nutzungstest in Online-Meeting
Zielumgebung	Büroarbeitsplatz, typischer Online-Call (Teams/Zoom/Webex)
Nutzergruppe	3 repräsentative Personen (18–35 / 36–55 / 56+)
Szenario	Nutzer startet spontan ein Meeting und spricht 5 Minuten, wechselnde Lichtbedingungen & Umgebungsgeräusche
Erfolgskriterium (Ja/Nein)	Nutzer bewerten Bildqualität ≥ 8/10

Tabelle 2-22 Validierung VA001 für ST001

Beobachtungen:
Bildqualität wird als sehr gut bewertet → entspricht SYS001. Die Tonqualität wird von Nutzern als unbefriedigend bewertet: Hintergrundgeräusche verstärkt, Sprache teilweise schwer verständlich.

Bewertung:

- Video-Bedürfnis: erfüllt.
- Ton-Bedürfnis: nicht erfüllt.
- Kein Test, keine Metrik, keine Anforderung vorhanden → Lücke wird erstmals sichtbar.

Rückverfolgbarkeit
Das Validierungsartefakt VA001 wird mit SYS001 verlinkt. Diese Verbindung stellt sicher, dass jederzeit nachvollziehbar ist:

- welches Bedürfnis validiert wurde,
- welche Version gültig war,
- und wie die Ergebnisse dem jeweiligen Bedürfnis zugeordnet sind.

Die Rückverfolgbarkeit erweitert sich folglich um das Validierungsartefakt *VA001*:

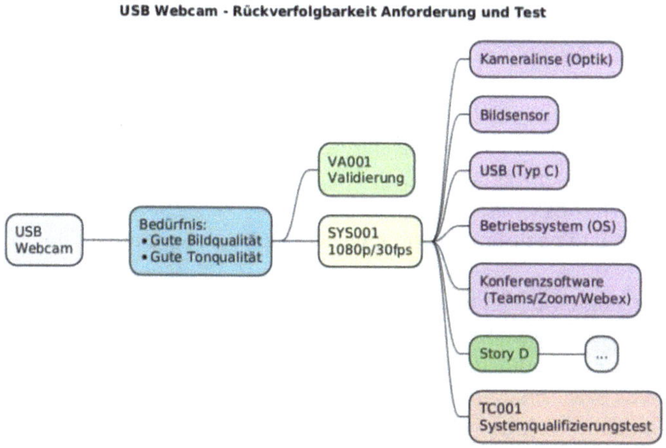

Abbildung 2-22 USB-Webcam Rückverfolgbarkeit Validierung

Wichtig
Früh validieren und Rückverfolgbarkeit prüfen! Ein korrekt bestandener Verifikationstest beweist NICHT, dass das Produkt das Bedürfnis erfüllt.

Fazit
Die Validierung zeigt, ob das Produkt die realen Bedürfnisse tatsächlich erfüllt. Werden dabei Lücken oder neue Erkenntnisse sichtbar, müssen Anforderungen, Design oder Umsetzung angepasst werden. Damit solche Änderungen kontrolliert, nachvollziehbar und prozesssicher erfolgen, folgt jetzt Regel 10: Änderungen kontrolliert managen.

2.10 Regel 10: Änderungen kontrolliert managen

Warum ist das wichtig?
Änderungsbedarfe entstehen in Entwicklungsprojekten aus unterschiedlichen Gründen und Quellen:
Sie können ein neues oder geändertes Kundenbedürfnis sein, aber ebenso aus der Verifikation, aus der Validierung, oder aus Architekturentscheidungen oder aus Erkenntnissen aus Review- und KVP-Zyklen stammen. Gemein ist all diesen Änderungsanfragen (Change Requests – kurz CRs), dass eine Auswirkungsanalyse (Impact-Analyse) durchgeführt werden sollte und nach Frameworks wie ASPICE auch gefordert sind.

Der zentrale Mechanismus hierfür ist die Rückverfolgbarkeit:
Nur wenn Bedürfnisse, Anforderungen, Architektur, Umsetzung und Tests sauber verlinkt sind, kann bei einer Änderung eindeutig identifiziert werden, welche Anforderungen betroffen sind, welche Artefakte angepasst werden müssen und welche Folgeschritte oder Risiken damit verbunden sind.

Damit bildet Traceability die technische Grundlage dafür, Änderungen kontrolliert, reproduzierbar und auditfähig durchzuführen.

Änderungen mit KI-Unterstützung analysieren
KI kann Änderungen unterstützen, wenn die Datenbasis sauber strukturiert ist (siehe *Datenqualität und KI*). Sie erkennt automatisch betroffene Artefakte, analysiert Muster in Fehlertickets und generiert Vorschläge für notwendige Aktualisierungen.

KI kann die z.B. ASPICE konforme Impact-Analyse beschleunigen, indem sie automatisch alle abhängigen Artefakte entlang der Traceability auflistet und Risiken, betroffene Anforderungen sowie notwendige Nachtests identifiziert. Damit unterstützt sie die vollständige Bewertung von technischen, sicherheitsrelevanten und regulatorischen Auswirkungen, wie es SUP.1 des ASPICE Frameworks fordert.

Bevor Änderungen an bestehenden Anforderungen umgesetzt werden können, muss klar sein, wie sich ihr Status im Lebenszyklus verändert – insbesondere dann, wenn ein Change Request (CR) ausgelöst wird.
Genau hier setzt das folgende Statusmodell an:
Es zeigt, welche Schritte eine Anforderung durchläuft, wie sie durch Reviews genehmigt wird, wann sie in eine Baseline übergeht und wie sie bei einer Änderung kontrolliert in den Zustand „Veraltet" überführt wird.

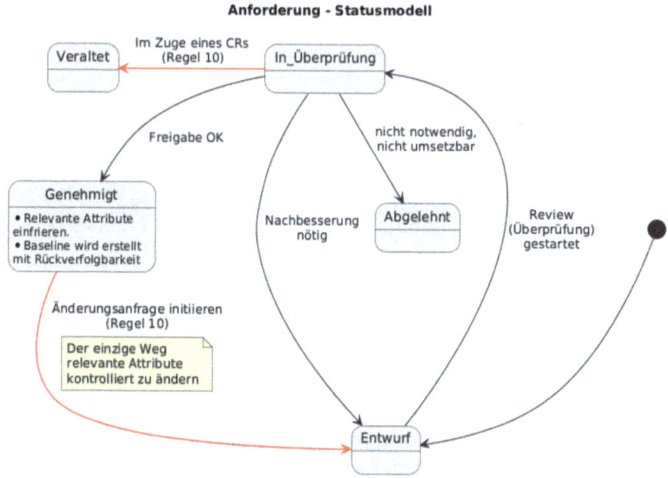

Abbildung 2-23 Statusmodell Anforderung

Eine Anforderung in Status „Genehmigt" ist versioniert und in einer Baseline festgehalten. Ein CR kann eine Überarbeitung der Anforderung auslösen. Das würde die Anforderung in den Status „Entwurf", anschließend in Status „In_Überprüfung" und schließlich wieder in „Genehmigt" überführen. Mit jeder Veränderung ändert sich mit ihr die Version.

Hinweis zum Status „Veraltet“:
Wird im Zuge einer Änderungsanfrage entschieden, dass eine bestehende Funktion nicht weitergeführt wird, erhält die zugrunde liegende Anforderung den Status **„Veraltet“**. Dieser Status kennzeichnet, dass alle betroffenen Artefakte wie Architektur-Elemente, Implementierungen, Tests, Dokumentation gezielt überarbeitet werden müssen. Erst wenn dieser Rückbau vollständig und konsistent erfolgt ist, kann die Funktion aus zukünftigen Lieferständen ausgeschlossen werden.

Darf man Anforderungen einfach löschen, wenn sie im Status „Veraltet“ sind?

Nein.
Veraltete Anforderungen dürfen nicht gelöscht werden.

Stattdessen werden sie im RE-Tool mit dem Status **„Veraltet“** markiert und gegebenenfalls durch eine neue Version ersetzt. So bleiben Nachvollziehbarkeit, Baselines, Historie und Auditfähigkeit vollständig erhalten.

Zusätzlich gilt:
Gesetzliche Aufbewahrungsfristen verpflichten Organisationen dazu, geschäftsrelevante Unterlagen über mehrere Jahre unverändert und revisionssicher aufzubewahren. Das Löschen würde die Rückverfolgbarkeit zerstören und ist deshalb prozesswidrig.
Nachdem geklärt ist, dass veraltete Anforderungen nicht gelöscht, sondern kontrolliert versioniert werden müssen, zeigt die nächste Abbildung, wie dieser Prozess im Rahmen eines Change Requests (CR) praktisch abläuft. Die Abbildung visualisiert den vollständigen Ablauf einer Änderungsanfrage – von der Erfassung über die Impact Analyse bis zur Entscheidung des CCB und der anschließenden Umsetzung oder Ablehnung.

Ein Prozessablauf für einen CR zeigt folgendes Bild:

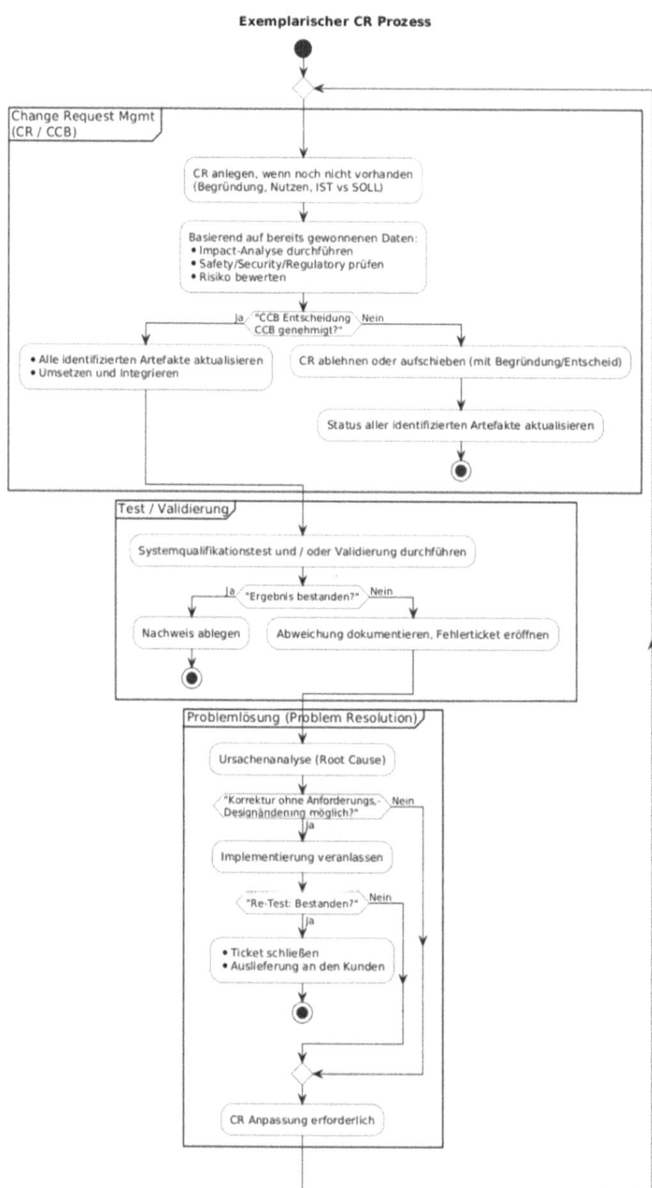

Abbildung 2-24 Prozess Änderungen managen

Wer ist verantwortlich im Änderungsprozess?

- Stakeholder: Problem / Änderung benennen
- Requirements Engineer: Anforderungen identifizieren und deren Änderung bewerten
- Fachbereiche (Architektur/HW/SW/ME/Test): Impact / Aufwand / Risiko
- Entscheidungsgremium (Change Control Board - CCB): Entscheidung
- Projektleitung und Produktverantwortliche: Planung im Release
- Testteam: Testnachweis (Verifikation)
- Qualität/Nutzer: Validierung und Abnahme

Auswirkungsprüfung (Einfluss- oder Impact Analyse) – kompaktes Prüfraster

Jede Änderung muss geprüft werden auf Auswirkungen auf Anforderungen, Architektur (Systemaufbau, Schnittstellen), Prüfungen und Nachweise, Sicherheit, Datenschutz, gesetzliche Vorgaben, Aufwand, Kosten, Risiken, Termine, Ressourcen.

Tipps

- Nutze eine einzige einfache Vorlage für Änderungsanfragen.
- Jede Änderung muss begründet sein (Problem und Nutzen – IST vs SOLL).
- Bewerte jede Änderungsanfrage auf Machbarkeit und beziehe alle Fachbereiche ein
- Jeder Fachbereich muss eine Auflistung der notwendigen Änderungen liefern und eine Aufwands- und Kostenabschätzung durchführen.
- Stelle die vollständige Rückverfolgbarkeit jeder Änderung sicher.

Quick Win

Stelle sicher, dass jede Änderungsanfrage systematisch erfasst und anhand eines standardisierten Templates dokumentiert und erst nach Freigabe umgesetzt wird.

Das Praxisbeispiel (USB-Webcam):

Im Praxisbeispiel ergibt sich zur Sicherstellung der Wettbewerbsfähigkeit der Wunsch der Projektleitung, die Kamera künftig mit einer 4K-Bildauflösung auszustatten.

Nachfolgend ist eine Änderungsanfrage dargestellt:

Feld	**Inhalt**
CR-ID	CR-0815
Titel	4K Kameraauflösung
Auslösendes Bedürfnis	*Aktuelles Verhalten (IST-Zustand):* Die Kameraauflösung liefert 1080p (1920×1080) bei ≥30fps. *Gewünschtes Verhalten (SOLL-Zustand):* Produkt soll künftig 4K (3840×2160) bei ≥30fps unterstützen.
Betroffene Kunden Bedürfnisse	CR verweist auf das Bedürfnis „Gute Ton- und Bildqualität“ (ST001 V1)
Akzeptanzkriterium	Bei aktiver Aufnahme liefert das Bild 4K (3840×2160) bei ≥30fps.
Begründung	Markt Kundennutzen Wettbewerbsfähigkeit
Betroffene Bereiche	System, Architektur, Hardware, Software, Mechanik, Verifikation, Validierung, Projektleitung
Einfluss-Analyse (Impact)	… von den betroffenen Fachbereichen durchzuführen im Rahmen der CR-Bewertung
Risiken	… von den betroffenen Fachbereichen zu identifizieren im Rahmen der CR-Bewertung
Geplantes Release	Teillieferung D1, Lieferung D
Status	In Bewertung

Tabelle 2-23 Änderungsanfrage CR-0815 für ST001

Bevor die eigentliche Auswirkungsanalyse beginnt, muss der Change Request formal erfasst und inhaltlich eingeordnet werden. Erst danach kann bewertet werden, welche Folgen die gewünschte Änderung auf das System hat.

Auswirkungsanalyse (Impact)
Im Anschluss beginnt die Auswirkungsanalyse, um alle betroffenen Anforderungen, Architektur-Elemente, Tests und Lieferstände entlang der Traceability sichtbar zu machen.
Die beteiligten Fachbereiche liefern dafür ihre Bewertungen und Aufwände. Im Zuge dessen erfolgt auch in der Regel auch eine Risikobewertung.
Die konsequent gepflegte Rückverfolgbarkeit ermöglicht, alle betroffenen Artefakte zu identifizieren.

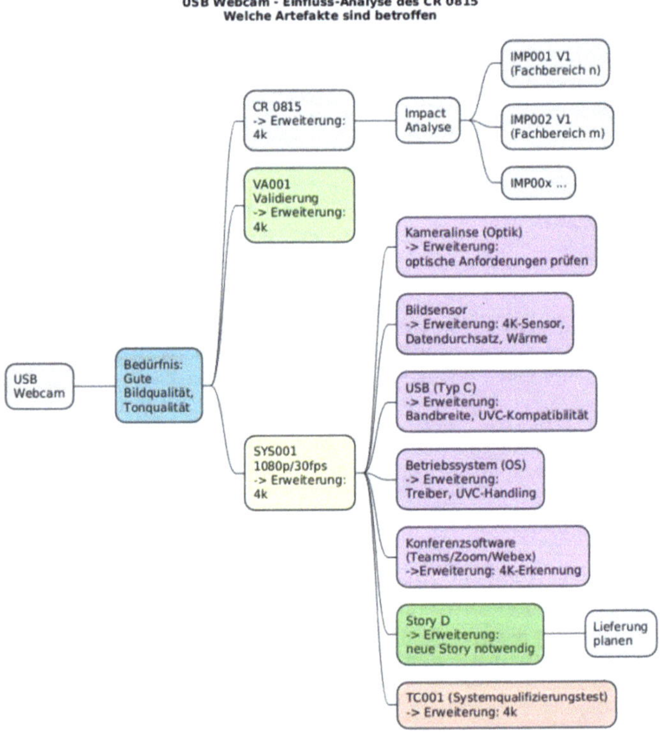

Abbildung 2-25 USB-Webcam CR, Rückverfolgbarkeit, Einflussanalyse

Das Diagramm verdeutlicht, warum ein Change Request (CR) nicht nur eine einzelne Anforderung betrifft, sondern entlang der gesamten Traceability Kette Auswirkungen hat. Es zeigt detailliert, wie dieser CR die Validierung (VA001), die Systemanforderung (SYS001), das Systemdesign und dessen Komponenten (Kameralinse, Bildsensor, USB, OS, Konferenzsoftware) beeinflusst. Weiterhin werden die Auswirkungen auf agile Entwicklungselemente wie Story, Teillieferungen und die finale Lieferung sowie die notwendige Anpassung des Systemqualifizierungstests (TC001) dargestellt.

Die Auswirkungsanalyse bewertet systematisch, welche Artefakte von einem Change Request betroffen sind und welche Konsequenzen daraus entstehen. Sie muss (gemäß ISO 21502) formal dokumentiert werden, sodass Änderungen nachvollziehbar bewertet und gesteuert werden können.

Fachbereiche (siehe Abbildung: Fachbereich n, Fachbereich m etc.) liefern hierzu jeweils ihre spezifischen Einschätzungen ein, die zusammengeführt und mit dem CR verlinkt werden.

Das Ergebnis ist eine entscheidungsrelevante Bewertung, die dem Lenkungsgremium als Grundlage für die CR-Freigabe dient.

CR Freigabe

Auf Basis der dokumentierten Auswirkungsanalyse und Risikobewertung entscheidet das zuständige Lenkungsgremium (z. B. CCB), ob der Change Request genehmigt, abgelehnt oder zurückgestellt wird.

Ist der CR freigegeben kann die Umsetzung erfolgen.

Umsetzung des CRs und Rückverfolgbarkeit

Die nachfolgende Abbildung zeigt die Traceability mit den aktualisierten (Version wurde erhöht – *Vx+n*) Artefakten:

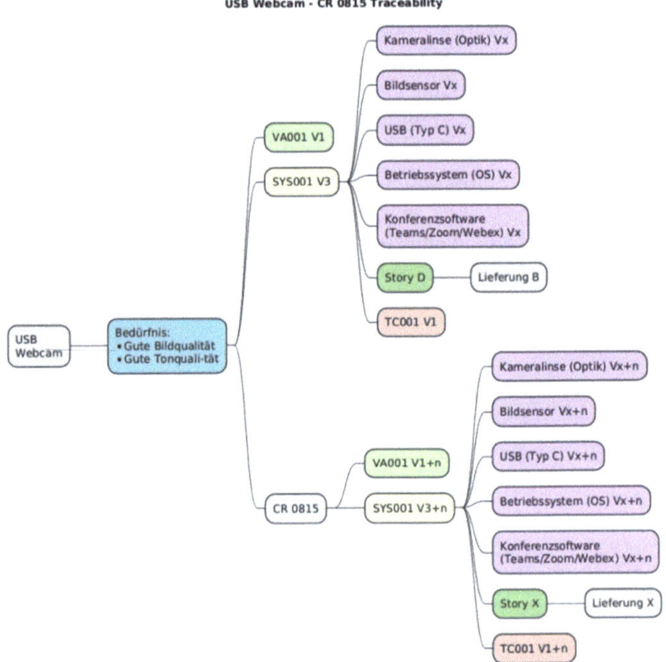

Abbildung 2-26 USB-Webcam CR Traceability

Baseline der Lieferung
Sind die Artefakte genehmigt und haben den Prozess vollständig durchlaufen könnte eine CR Baseline z.B. für die Lieferung D erstellt werden. Das schließt nicht aus, dass zuvor Baselines für die angepassten und genehmigten Systemanforderungen, Architektur-Elemente etc. erstellt wurden. Ich möchte mit dem Bild nochmal die Abhängigkeit von Versionierung und Baseline verdeutlichen.

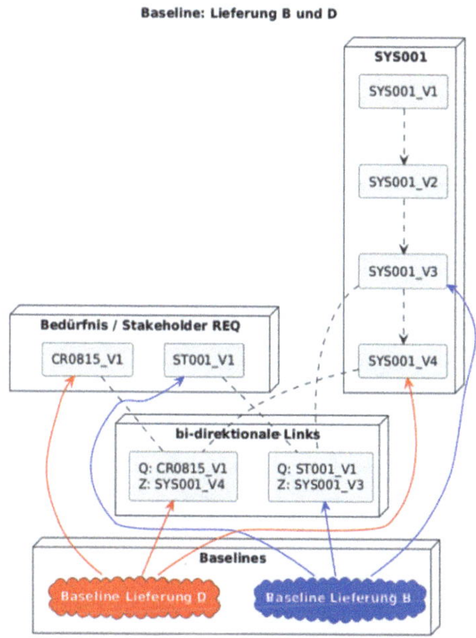

Abbildung 2-27 USB-Webcam Baseline Lieferung B und D

Sind die Artefakte mit ihrer jeweiligen Version und Rückverfolgbarkeit sauber in den Baselines erfasst, so könnte man jetzt die Baselines vergleichen. Dadurch wird transparent sichtbar, welche Änderungen sich ergeben haben und ob alle Anpassungen konsistent und vollständig vollzogen wurden.

Mit Regel 10 schließt sich der Prozess – und bildet damit die Grundlage für den folgenden Abschluss, in dem die zentralen Erkenntnisse und Leitgedanken nochmals zusammengeführt werden.

3 Abschluss

Mit diesem Buch liegt Dir ein kompakter, praxisnaher Leitfaden in der Hand, der den Schnelleinstieg ins Requirements Engineerings Schritt für Schritt ermöglicht. Von der Ermittlung der Bedürfnisse über die klare Systemabgrenzung bis hin zur Formulierung, Prüfung, Rückverfolgbarkeit und kontinuierlichen Verbesserung zeigt das Buch, wie aus vagen Erwartungen präzise, testbare und wirksame Anforderungen entstehen.

Die zehn goldenen Regeln verbinden bewährte Prinzipien mit direkt einsetzbaren Methoden – und machen sichtbar, wie eng Dokumentation, Kommunikation, Datenqualität und Tool-Disziplin zusammenhängen. Denn gutes Requirements Engineering ist mehr als das Schreiben von Anforderungen: Es schafft Transparenz, reduziert Risiken und stellt sicher, dass am Ende genau das entsteht, was die Stakeholder wirklich brauchen.

Die Beispiele – von alltäglichen Missverständnissen wie dem tropfenden Wasserkocher bis hin zu systematischen Vorgehensweisen wie FMEA, Traceability, Review-Zyklen und Validierung – verdeutlichen, warum Sorgfalt, Struktur und Klarheit im RE unverzichtbar sind.

Am Ende zählt eines: Gute Anforderungen entstehen nicht zufällig – sie sind das Ergebnis eines klaren Prozesses, einer gemeinsamen Sprache und der Bereitschaft, kontinuierlich zu lernen und besser zu werden.

Wenn Dir dieses Buch dabei hilft, den Überblick zu behalten, deine Vorgehensweise besser einzuordnen, die Zusammenhänge zwischen den Prozessschritten klarer zu erkennen, und dadurch deine Projekte transparenter, effizienter und erfolgreicher zu gestalten, dann hat es seinen Zweck erfüllt.

Vielen Dank, dass Du Dir die Zeit genommen und bis hierhin gelesen hast!
Viele Grüße
Enno Walter

E. Walter, *Schnelleinstieg Requirements Engineering – Die 10 goldenen Regeln*, IT kompakt, https://doi.org/10.1007/978-3-658-51998-8_3

4 Diagramme als Code (plantUML Code)

In diesem Abschnitt sind sämtliche Abbildungen des Buches als plantUML Code aufgeführt. Die Diagramme liegen damit nicht nur als Visualisierung, sondern als nachvollziehbare, editierbare und wiederverwendbare textuelle Modelle vor.

Abbildung 1-1 Das V-Modell

```
@startuml
title "V-Modell"
skinparam linetype ortho
skinparam packageStyle rectangle
package "Definition" as LEFT {
  #lightblue[Stakeholder Bedürfnisse\nerfassen\n(Regel 1)] as step1
  #lightyellow[Systemanforderungen\nerheben\n(Regel 2,3,4,5,6,7)] as step2
  #e2c8f3[Systemdesign\nfestlegen]          as step3
  #b7edac[Umsetzung]                        as step4
}
package "Nachweis" as RIGHT {
  #dff9cd[Stakeholder Bedürfnisse testen\n(Abnahmetest / Validierung)\n(Regel 9)]
as step8
  #f6d9d4[System Anforderungen\nverifizieren\n(Regel 8)] as step7
  [System integrieren\nund testen]  as step6
  [Modultest]                       as step5
}
' V-Geometrie und Spiegelung
step1 <-down-> step2
step2 <-down-> step3
step3 <-down-> step4
step2 <-down-> step4
' Schlanke Traceability
step1 <-right-> step8
step2 <-right-> step7
step3 <-right-> step6
step4 <-up-> step5
step5 <-up-> step6
step6 <-up-> step7
step7 <-up-> step8
@enduml
```


E. Walter, *Schnelleinstieg Requirements Engineering – Die 10 goldenen Regeln*, IT kompakt, https://doi.org/10.1007/978-3-658-51998-8_4

Abbildung 1-2 RE Metriken

```
@startmindmap
title "Typische Metriken im Requirements Engineering"
* RE Metriken
** KPIs bezogen auf die\nSystemanforderung
*** Genehmigungsstatus
*** Vollständigkeit der Pflichtattribute
*** Review-Mängel
** KPIs aus der\nRückverfolgbarkeit\n(V-Modell-basiert)
*** Bedürfnis → Systemanforderung
*** Systemanforderung → Test
*** Systemanforderung → Architektur
*** Systemanforderung → Umsetzung
@endmindmap
```

Abbildung 1-3 QM Werkzeuge und Methoden

```
@startmindmap
* Qualitätsmanagement im RE
** Methoden
*** FMEA
*** QFD
** Werkzeuge
*** Pareto-Diagramm
*** Ishikawa-Diagramm
@endmindmap
```

Abbildung 1-4 Pareto RV_001

```
@startchart
title "Pareto-Analyse (RV_001)"
h-axis ["KAT-A", "KAT-B", "KAT-C", "KAT-D"]
v-axis "Anzahl" 0 --> 4 spacing 1
bar "Häufigkeit" [3,2,1,1] #lightyellow
line "Kumuliert (%)" [100, 100] #ff7f0e
@endchart
```

Abbildung 1-5 Pareto RV_002

```
@startchart
title "Pareto-Analyse (RV_002)"
h-axis ["KAT-B", "KAT-A", "KAT-C", "KAT-D"]
v-axis "Anzahl" 0 --> 3 spacing 1
bar "Häufigkeit" [2,1,1,1] #lightyellow
line "Kumuliert (%)" [100, 100] #ff7f0e
@endchart
```

Abbildung 1-6 KI und zentrale Datenquelle

```
@startuml
left to right direction
skinparam actorStyle awesome
actor "KI" as KI
rectangle "Zentrale Datenquelle" as DS {
' KI-Funktionen
usecase "Anforderung\n erstellen" as UC_CreateReq
usecase "Attribute\n bearbeiten" as UC_EditAttr
usecase "Linkbeziehung\n herstellen/ändern" as UC_Link
usecase "z.B. plantUML\n generieren & speichern" as UC_Diagram
usecase "Metriken & KVP\n ableiten/unterstützen" as UC_Metrics
rectangle "Alle Artefakte\nmit ihrer Version:\n* Anforderung\n* Architektur\n*
Test\n ..." as Art
}
' KI kann die Kern-Use-Cases ausführen
KI --> UC_CreateReq
KI --> UC_EditAttr
KI --> UC_Link
KI --> UC_Diagram
KI --> UC_Metrics
' Beziehungen zu Artefakten
UC_CreateReq --> Art
UC_EditAttr --> Art
UC_Link --> Art
UC_Diagram --> Art
UC_Metrics --> Art
@enduml
```

Abbildung 1-7 Typischer REQIF Austausch

```
@startuml
Title "Typischer REQIF Austausch Ablauf"
participant Autor
activate Autor #FFBBBB
Autor -> Autor: Anforderungen erstellen;
Autor -> Autor: Baseline erstellen (vor Export);
Autor -> Reviewer: REQIF
activate Reviewer
Autor -> Autor: Anforderungen ergänzen;
Reviewer -> Reviewer: Baseline erstellen (nach Import);
Reviewer -> Reviewer: Review der Anforderungen:\nStatus setzen, Review
Kommentare;
Reviewer -> Reviewer: Baseline erstellen (vor Export)\nVergleich der Baselines;
Autor -> Autor: Baseline erstellen (vor Import);
Reviewer -> Autor: REQIF
Autor -> Autor: Baseline erstellen (nach Import);
Autor -> Autor: Baseline vergleichen;
deactivate Autor
deactivate Reviewer
@enduml
```

Abbildung 2-1 Interesse Einfluss Matrix (Kurzablauf)

```
@startuml
left to right direction
title "Interesse Einfluss Matrix (Kurzablauf)"
(*) --> "Stakeholder sammeln"
--> "Interesse bewerten\n(hoch/niedrig)"
--> "Einfluss bewerten\n(hoch/niedrig)"
--> "In A–D-Quadranten einordnen"
--> (*)
@enduml
```

Abbildung 2-2 USB-Webcam Use Cases (Auszug)

```
@startuml
title "USB-Webcam – Use Cases (Auszug)"
left to right direction
actor "Nutzer" as User
actor "Konferenz,\nKamera-App" as App
rectangle "USB-Webcam" as Webcam {
usecase "Webcam verbinden\n(Plug and Play - UC-01)" as UC_Connect
usecase "Webcam trennen" as UC_Disconnect
usecase "Aufnahme starten" as UC_Start
usecase "Aufnahme stoppen" as UC_Stop
}
note right of UC_Start
Initiierung erfolgt
durch den Nutzer
über eine Anwendung
(z.B. Kamera-App
des Betriebssystems
oder einer
Konferenzsoftware
mit Aufnahmefunktion).
Die Anwendung nutzt
die bereitgestellten
Video- und Audio-Streams
zur Speicherung.
Eine Aufnahme-LED
(z.B. grün) signalisiert
den aktiven
Aufnahmestatus.
end note
note right of UC_Disconnect
Entfernen
der Webcam
vom USB-Port.
end note
User --> UC_Connect
User --> UC_Disconnect
App --> UC_Start
App --> UC_Stop
@enduml
```

Abbildung 2-3 USB Webcam Stakeholder Map

```
@startmindmap
scale 0.8
title USB-Webcam – Stakeholder Map
'* Stakeholder Map
left side
* USB-Webcam\n(Stakeholder)
' --- Alle Cluster rechts der Mitte ---
right side
**[#lightgreen]  Kunden und Nutzer
*** Nutzer (allg.)
*** Nutzer 18–35
*** Nutzer 36–55
*** Nutzer 56+
**[#lightgreen] Unternehmensinterne Stakeholder
*** IT Support
*** Business
*** Einkauf / Business
**[#lightgreen] Externe Partner und Lieferanten
*** Hersteller (SW)
*** Hersteller (HW)
*** Hersteller (ME)
*** Logistik
*** Marketing
*** Händler
**[#lightgreen] Compliance
*** Datenschutz
@endmindmap
```

Abbildung 2-4 Systemkontext

```
@startuml
title "USB-Webcam Systemkontext"
actor "Nutzer*in" as User
component "USB-Webcam" as Webcam {
portin "LED-Anzeige" as p_led
portin "Kameralinse" as p_lens
portin "Halterung" as p_connect
portin "Mikrofon" as p_mic
portin "Lautsprecher" as p_speaker
portout "USB (Typ C)" as p_usb
}
node "PC / Laptop" as Computer {
component "Betriebssystem\n(OS)" as OS
component "Konferenzsoftware\n(Teams, Zoom, Webex)" as ConfSW
}
component "Umgebung\n* Licht\n* Ton\n* Temperatur" as Environment
User -- p_led : Beobachtung\n(Datenschutz)
User -- p_connect : Physische\nInteraktion:\n* Montage\n* Bedienung
User --> p_mic : Sprechen
User <-- p_speaker : Hören
p_usb -- OS : USB-Verbindung (Plug & Play)
OS <-down-> ConfSW : Video/Audio-Weiterleitung\n(Kompatibilität)
Environment --> p_lens : Licht
Environment --> p_mic : Geräusche
Environment -left-> Webcam: Temperatur
@enduml
```

Abbildung 2-5 Datenmodell einer Anforderung (Attribute)

```
@startuml
title Datenmodell einer Anforderung (Attribute)
class Anforderung {
  + ID
  + Version
  + Titel
  + Anforderungstext
  + Akzeptanzkriterium
  + Verifikationsmethode
  + Status
  + Weitere Kategorien
  + Linkbeziehungen
}
@enduml
```

Abbildung 2-6 ISO 25010 Wasserkocher-Beispiel

```
@startmindmap
* ISO 25010\nQualitätsmerkmale\n(Wasserkocher)
** Leistungseffizienz\n(z.B. „1 l auf 100 °C in ≤ 300 s“,\n„Leistungsaufnahme in W“)
** Zuverlässigkeit\n(z.B. „30 Kochzyklen ohne Abschaltung“)
** Funktionale Eignung\n(z. B. „erhitzt Wasser zuverlässig auf 100 °C“,\n„tropffreies Ausgießen“)
** Kompatibilität\n(z.B. „betriebssicher bei 220–240 V, Stecker Typ F“)
** Interaktionsfähigkeit\n(z.B. „LED leuchtet bei Betrieb“)
** Funktionale Sicherheit\n(z.B. Verbrennungsgefahr, Stromschlag)
** Cybersecurity\n(Angriff auf Verfügbarkeit, Integrität oder Vertraulichkeit.\nEher untypisch beim Wasserkocher.)
** Wartbarkeit\n(z.B. „Entkalkung in ≤ 10 min“,\n„Filterwechsel ohne Werkzeug“)
** Flexibilität\n(z.B. „Kabellänge passend für Küchenaufbau“)
@endmindmap
```

Abbildung 2-7 USB-Webcam Traceability: Bedürfnis, Anforderung

```
@startmindmap
title USB Webcam – Rückverfolgbarkeit: Bedürfnis → Anforderung
* USB-Webcam
**[#lightblue] Bedürfnis\nGute Bildqualität
***[#lightyellow] SYS001\n1080p/30fps
**[#lightblue] Bedürfnis\nPlug & Play
***[#lightyellow] SYS002\nUVC in ≤5 s ohne Treiber
**[#lightblue] Bedürfnis\nAutomatische\nBelichtungsanpassung
***[#lightyellow] SYS003\nBelichtung 200→800 lx in ≤1 s
**[#lightblue] Bedürfnis\nSehr schneller Autofokus
***[#lightyellow] SYS004\nAutofokus in ≤0,5 s bei 1 m
**[#lightblue] Bedürfnis\nLED Anzeige\nbei aktiver Kamera
***[#lightyellow] SYS005\nLED an bei Start in ≤0,2 s
@endmindmap
```

Abbildung 2-8 Review Workflow

```
@startuml
state "Anforderung\nerstellen" as start
state "Anforderung\nüberarbeiten" as step1
state "Überprüfung" as step2
state "Baseline" as step3
start : z.B. Version 1.0
step1 : Versionserhöhung z.B. 1.x
step2 : Formales Review
step3 : Anforderung mit ihrer Version\nund Rückverfolgbarkeit
start --> step1
step1 --> step2 : Fertig für Review
step2 --> step1 : Review NOK
step2 --> step3 : Review OK
@enduml
```

Abbildung 2-9 Review Prüfaspekte

```
@startmindmap
title Review – Prüfaspekte (kompakt)
* Review
**[#lightgreen] Pflichtattribute\n(alle gesetzt)
**[#lightgreen] Prüfaspekte\nnach ISO 29148
*** Notwendig (Trägt die Anforderung zum Kernzweck bei?)
*** Angemessen (Was, nicht Wie - Keine Lösungsvorgaben)
*** Eindeutig (Keine vagen Wörter (schnell, einfach, sicher))
*** Vollständig\n(Menge, Bedingungen, Start-/Randbedingungen)
*** Singulär / Atomar\n(ein fachlicher Aspekt pro Anforderung)
*** Machbar (Technisch realistisch im Zielkontext)
*** Verifizierbar (prüfbares Akzeptanzkriterium)
*** Korrekt (Bezug zum Bedürfnis)
*** Konform\n(Entspricht Template)
**** Satzschablone (Regel 3)
**[#lightgreen] Rückverfolgbarkeit\n(Input aus Regel 4)
*** Bedürfnis → Anforderung (Link vorhanden)
**[#lightgreen] Konsistenz
*** Innerhalb der Anforderung
**** Widerspruchsfrei im Text
**** Keine Bedingungen,\ndie sich ausschließen
*** Konsistenz\nmit anderen\nAnforderungen
**** Keine Konflikte\nzu anderen Anforderungen
**** Konsistent bei der\nVerwendung\nvon Begriffen
*** Konsistent mit Architektur, ...
**** Kein Widerspruch\nzum Systemkontext
**** Schnittstellen,\nDesign Elemente
**[#lightgreen] Kategorisierung\n(Kurz: Input aus Regel 5)
*** Typ: Funktional vs. Nichtfunktional\n(Enum, exklusiv)
*** Regulatorische Relevanz:\nJa/Nein (Quelle angeben, falls Ja)
@endmindmap
```

Abbildung 2-10 Zeitstrahl Baseline Konzept

```
@startgantt
title "Zeitstrahl - Baseline Konzept\n(Änderungsversionierung)"
[Änderung 0.1\n(Beschreibung hinzugefügt)] happens at d+2 and is colored in grey
[Änderung 0.2\n(Status auf In Überprüfung)] happens at d+4 and is colored in grey
[Änderung 0.3\n(Status auf Genehmigt)] happens at d+7 and is colored in grey
[Änderung 1.1\n(Beschreibung geändert)] happens at d+15 and is colored in red
[Änderung 1.2\n(Verlinkung zu Testartefakt)] happens at d+17 and is colored in grey
[Anforderungsdokument] requires 37 days
[Baseline 1.0] happens at d+11
note bottom
Einfrieren
der Artefakte
end note
[Baseline 2.0] happens at d+20
note bottom
Einfrieren
der Traceability
end note
[Baseline 3.0] happens at d+27
note bottom
Musterlieferung
end note
@endgantt
```

Abbildung 2-11 Statusmodell Lebenszyklus

```
@startuml
title "Anforderung – Statusmodell"
[*] --> Entwurf
Entwurf --> In_Überprüfung : Review (Überprüfung)\ngestartet
In_Überprüfung --> Entwurf : Nachbesserung\nnötig
In_Überprüfung --> Genehmigt : Freigabe OK
In_Überprüfung --> Abgelehnt : nicht notwendig,\nnicht umsetzbar
Genehmigt : *Relevante Attribute einfrieren.\n*Baseline wird erstellt mit
Rückverfolgbarkeit
In_Überprüfung -[#red]left-> Veraltet: Im Zuge eines CRs\n(Regel 10)
Genehmigt -[#red]-> Entwurf : Änderungsanfrage initiieren\n(Regel 10)
note on link
  Der einzige Weg
  relevante Attribute
  kontrolliert zu ändern
end note
@enduml
```

Abbildung 2-12 USB-Webcam Baseline BSL_1

```
@startuml
title "Baseline BSL_1"
node "Bedürfnis / Stakeholder REQ" {
  agent ST001_V1
}
node SYS001 {
agent SYS001_V1
agent SYS001_V2
agent SYS001_V3
}
node Baselines {
cloud #blue;text:white "<b>BSL_1" as BSL_1
}
node "bi-direktionale Links" {
agent "Q: ST001_V1\nZ: SYS001_V3" as lnk1
}
'Linkbeziehungen'
ST001_V1 .. lnk1
SYS001_V3 .. lnk1
'Systemanforderung'
SYS001_V1 ..> SYS001_V2
SYS001_V2 ..> SYS001_V3
'Baseline'
BSL_1 -[#blue]up-> SYS001_V3
BSL_1 -[#blue]up-> ST001_V1
BSL_1 -[#blue]up-> lnk1
@enduml
```

Abbildung 2-13 USB-Webcam Mapping Anforderung, Design

```
@startmindmap
title USB Webcam – Anforderungen ↔ Architektur Artefakte
* USB Webcam
**[#lightyellow] SYS001\n1080p/30fps
*** Systemelement(e)
**** Kameralinse (Optik)
**** Bildsensor
*** System Schnittstelle(n)
**** USB (Typ C)
**** Betriebssystem (OS)
**** Konferenzsoftware\n(Teams/Zoom/Webex)
**[#lightyellow] SYS002\nPlug & Play
*** Systemelement(e)
**** USB Controller / Firmware
*** System Schnittstelle(n)
**** USB (Typ C)
**** Betriebssystem (OS)
**[#lightyellow] SYS003\nAutomatische\nBelichtungsanpassung
*** Systemelement(e)
**** Kameralinse\n(Lichtaufnahme)
**** Bildsensor
*** System Schnittstelle(n)
**** Umgebung (Licht)
**** USB (Typ C)
**[#lightyellow] SYS004\nAutofokus
*** Systemelement(e)
**** Kameralinse (Fokusmechanik)
**** Autofokus Algorithmus (FW/SW im ISP)
*** System Schnittstelle(n)
**** USB (Typ C)
**[#lightyellow] SYS005\nLED Anzeige
*** Systemelement(e)
**** LED Anzeige
**** Mikrocontroller / GPIO Ansteuerung
*** System Schnittstelle(n)
**** Betriebssystem (OS)
@endmindmap
```

Abbildung 2-14 USB-Webcam System Architektur

```
@startuml
title "USB Webcam – Vereinfachte System Architektur (mit Lautsprecher)"
skinparam packageStyle rectangle
skinparam linetype ortho
component "Umgebung\n(Licht, Ton,\nTemperatur)" as Env
package "USB Webcam" as Webcam {
  component "Mechanik & Gehäuse" as Mech
  component "Kameralinse" as Lens
  component "Temperatur\nSensor" as Temp
  component "Bildsensor" as Sensor
  component "Image Signal Processor (ISP)" as ISP_Video
  component "Mikrofon" as Mic
  component "Audio Codec\n(ADC/DAC/DSP)" as Audio_Codec
  component "Audio\nVerstärker" as Audio_Amp
  component "Lautsprecher" as Speaker
  component "Microcontroller (MCU)\n(Steuerung & Logik)" as MCU
  component "LED-Anzeige" as LED
  component "USB Controller\n(Hardware-Interface)" as USB_Ctrl
}
node "PC / Laptop" as Host {
  component "Betriebssystem (OS)\n(UVC/UAC Treiber + Control)" as OS
}
Temp --> MCU : Temperatur
Lens --> Sensor : Optischer Pfad
Sensor --> ISP_Video : Rohvideodaten
ISP_Video --> MCU : \nVerarbeitete\nVideodaten
MCU --> ISP_Video : Steuerbefehle\n(Konfiguration)
Mic --> Audio_Codec : Analoges\nAudio
Audio_Codec <--> MCU : Digitales\nAudio
Audio_Codec --> Audio_Amp : Analoges\nAudio
Audio_Amp --> Speaker : Verstärktes\nAudiosignal
MCU --> USB_Ctrl
MCU --> LED
MCU <--> Sensor : Konfiguration
USB_Ctrl <--> OS : USB-C\n(Video, Audio, Control, Power)
@enduml
```

Abbildung 2-15 USB-Webcam Rückverfolgbarkeit

```
@startmindmap
title "USB-Webcam Rückverfolgbarkeit: Bedürfnis → Anforderung → Architektur"
* USB Webcam
**[#lightblue] Bedürfnis:\nGute\nBildqualität
***[#lightyellow] SYS001\n1080p/30fps
****[#e2c8f3] Kameralinse
****[#e2c8f3] Bildsensor
****[#e2c8f3] Image Signal Processor (ISP)
****[#e2c8f3] Microcontroller (MCU)
****[#e2c8f3] USB Controller
****[#e2c8f3] Betriebssystem (OS)
****[#e2c8f3] Konferenzsoftware
**[#lightblue] Bedürfnis:\nPlug & Play
***[#lightyellow] SYS002\nUVC in ≤5 s\nohne Treiber
****[#e2c8f3] USB Controller
****[#e2c8f3] Microcontroller (MCU)
****[#e2c8f3] Betriebssystem (OS)
****[#e2c8f3] Konferenzsoftware
**[#lightblue] Bedürfnis:\nAutomatische\nBelichtung
***[#lightyellow] SYS003:\nBelichtung\n200→800 lx in ≤1 s
****[#e2c8f3] Kameralinse
****[#e2c8f3] Bildsensor
****[#e2c8f3] Image Signal Processor (ISP)
****[#e2c8f3] Microcontroller (MCU)
****[#e2c8f3] Umgebung (Licht)
****[#e2c8f3] USB Controller
**[#lightblue] Bedürfnis:\nSehr schneller\nAutofokus
***[#lightyellow] SYS004:\nAutofokus\nin ≤0,5 s bei 1 m
****[#e2c8f3] Kameralinse
****[#e2c8f3] Image Signal Processor (ISP)
****[#e2c8f3] Microcontroller (MCU)
****[#e2c8f3] USB Controller
**[#lightblue] Bedürfnis:\nLED Anzeige\nbei aktiver Kamera
***[#lightyellow] SYS005:\nLED an bei Start\nin ≤0,2 s
****[#e2c8f3] LED Anzeige
****[#e2c8f3] Microcontroller (MCU)
****[#e2c8f3] Betriebssystem (OS)
@endmindmap
```

Abbildung 2-16 USB-Webcam Prioritäten

```
@startmindmap
* Umsetzung nach Priorität
** Hoch
***[#lightyellow] SYS002 – Plug & Play (UVC)
***[#lightyellow] SYS005 – LED-Anzeige
** Mittel
***[#lightyellow] SYS001 – 1080p/30fps
***[#lightyellow] SYS003 – Belichtungsanpassung (≤1s)
** Niedrig
***[#lightyellow] SYS004 – Autofokus (≤0,5s)
@endmindmap
```

Abbildung 2-17 USB-Webcam Anforderung, Story, Lieferung

```
@startuml
title "Mapping: Anforderung → Umsetzung (Story) → Lieferung"
skinparam packageStyle rectangle
skinparam linetype ortho
package "Gruppe Hoch" as FGA {
package "Anforderung\nSYS002" as REQ2 #lightyellow {}
package "Anforderung\nSYS005" as REQ5 #lightyellow {}
}
package "Gruppe Mittel" as FGB {
package "Anforderung\nSYS001" as REQ1 #lightyellow {}
package "Anforderung\nSYS003" as REQ3 #lightyellow {}
}
package "Gruppe Niedrig" as FGC {
package "Anforderung\nSYS004" as REQ4 #lightyellow {}
}
package "Story Board" as ST {
package "Story A" as S1 #b7edac {}
package "Story B" as S2 #b7edac {}
package "Story C" as S3 #b7edac {}
package "Story D" as S4 #b7edac {}
package "Story E" as S5 #b7edac {}
package "Story F" as S6 #b7edac {}
}
package "Lieferung A" as RELA {}
package "Teillieferung A1" as D1 {}
package "Teillieferung A2" as D2 {}
package "Lieferung B" as RELB {}
package "Teillieferung B1" as D3 {}
package "Teillieferung C1" as D4 {}
package "Lieferung C" as RELC {}
REQ2 -down-> S1
REQ2 -down-> S2
REQ5 -down-> S3
REQ1 -down-> S4
REQ3 -down-> S5
REQ4 -down-> S6
S1 --> D1
S2 --> D1
S3 --> D2
S4 --> D3
S5 --> D3
S6 --> D4
D1 -down-> RELA
D2 -down-> RELA
D1 ..> RELB
D2 ..> RELB
D3 -down-> RELB
D1 ..> RELC
D2 ..> RELC
D3 ..> RELC
D4 -down-> RELC
@enduml
```

Abbildung 2-18 USB-Webcam Traceability Regel 1-7

```
@startmindmap
title "USB-Webcam Rückverfolgbarkeit: Bedürfnis → Anforderung → Umsetzung"
* USB Webcam
**[#lightblue] Bedürfnis:\nGute\nBildqualität
***[#lightyellow] SYS001\n1080p/30fps
****[#e2c8f3] Architektur Artefakte
****[#b7edac] Story D
***** Teillieferung B1
****** Lieferung B
**[#lightblue] Bedürfnis:\nPlug & Play
***[#lightyellow] SYS002\nUVC in ≤5 s\nohne Treiber
****[#e2c8f3] Architektur Artefakte
****[#b7edac] Story A
***** Teillieferung A1
****** Lieferung A
****[#b7edac] Story B
***** Teillieferung A1
****** Lieferung A
**[#lightblue] Bedürfnis:\nAutomatische\nBelichtung
***[#lightyellow] SYS003:\nBelichtung\n200→800 lx in ≤1 s
****[#e2c8f3] Architektur Artefakte
****[#b7edac] Story E
***** Teillieferung B1
****** Lieferung B
**[#lightblue] Bedürfnis:\nSehr schneller\nAutofokus
***[#lightyellow] SYS004:\nAutofokus\nin ≤0,5 s bei 1 m
****[#e2c8f3] Architektur Artefakte
****[#b7edac] Story F
***** Teillieferung C1
****** Lieferung C
**[#lightblue] Bedürfnis:\nLED Anzeige\nbei aktiver Kamera
***[#lightyellow] SYS005:\nLED an bei Start\nin ≤0,2 s
****[#e2c8f3] Architektur Artefakte
****[#b7edac] Story C
***** Teillieferung A2
****** Lieferung A
@endmindmap
```

Abbildung 2-19 Statusmodell eines Fehlertickets

```
@startuml
title "Statusmodell: Fehlerticket"
[*] --> Erstellt
Erstellt --> In_Analyse : Ursachenanalyse\ngestartet
In_Analyse --> Umsetzung : Implementierungsfehler\n→ direkt umsetzbar
In_Analyse -[#red]-> CR_Umsetzung : Nicht
implementierbar,\nDesignproblem,\nAnforderungsproblem
In_Analyse --> Test_Definition : Test\nunzureichend
Test_Definition --> Test_Verifikation : Änderung\numgesetzt
Test_Verifikation --> Test_Definition : Test\nfehlerhaft
Test_Verifikation --> Geschlossen : Änderung\nverifiziert
Umsetzung --> Umsetzungsüberprüfung : Änderung\numgesetzt
Umsetzungsüberprüfung -left-> Umsetzung : Test\nfehlerhaft
Umsetzungsüberprüfung --> Geschlossen : Änderung\nverifiziert
CR_Umsetzung: Beinhaltet Verifikation\ndurch den CR
CR_Umsetzung -[#red]-> Geschlossen : Änderung\nverifiziert
Geschlossen --> [*]
@enduml
```

Abbildung 2-20 USB-Webcam Ablauf fehlgeschlagener Test

```
@startuml
title "Ablauf fehlgeschlagener Test"
start
:Test durchgeführt:\nAbweichung erkannt;
:Fehlerticket anlegen\n(Testdaten, Beobachtungen erfassen);
:Traceability herstellen\n(Ticket und Testfall);
:Ursachenanalyse durchführen\nTicket Status "In Analyse";
 ':PO erzeugt Story\nfür DEV-Team;
if (Implementierungsfehler\n(durch DEV-Team)\numsetzbar?) then (Ja)
  note left: PO mit DEV-Team
  repeat:Ticket Status "In Umsetzung";
  :Umsetzen;
  :Ticket Status "In Verifikation";
  :Test verifizieren;
  repeat while(Test fehlerfrei?) is (Nein) not (Ja)
else (Nein)
:Ticket Status "CR initiert";
:CR Erstellung;
:CR Umsetzung;
endif
:Ticket Status "Geschlossen";
end
@enduml
```

Abbildung 2-21 USB-Webcam Traceability Anforderung, Test

```
@startmindmap
title USB Webcam – Rückverfolgbarkeit Anforderung und Test
* USB Webcam
**[#lightblue] Bedürfnis:\nGute Bildqualität
***[#lightyellow] SYS001\n1080p/30fps
****[#e2c8f3] Kameralinse (Optik)
****[#e2c8f3] Bildsensor
****[#e2c8f3] USB (Typ C)
****[#e2c8f3] Betriebssystem (OS)
****[#e2c8f3] Konferenzsoftware (Teams/Zoom/Webex)
****[#b7edac] Story D
***** Teillieferung B1
****** Lieferung B
****[#f6d9d4] TC001\nSystemqualifizierungstest
@endmindmap
```

Abbildung 2-22 USB-Webcam Rückverfolgbarkeit Validierung

```
@startmindmap
title USB Webcam – Rückverfolgbarkeit Anforderung und Test
* USB Webcam
**[#lightblue] Bedürfnis:\n*Gute Bildqualität\n*Gute Tonqualität
***[#dff9cd] VA001\nValidierung
***[#lightyellow] SYS001\n1080p/30fps
****[#e2c8f3] Kameralinse (Optik)
****[#e2c8f3] Bildsensor
****[#e2c8f3] USB (Typ C)
****[#e2c8f3] Betriebssystem (OS)
****[#e2c8f3] Konferenzsoftware (Teams/Zoom/Webex)
****[#b7edac] Story D
***** Teillieferung B1
****** Lieferung B
****[#f6d9d4] TC001\nSystemqualifizierungstest
@endmindmap
```

Abbildung 2-23 Statusmodell Anforderung

```
@startuml
title "Anforderung – Statusmodell"
[*] --> Entwurf
Entwurf --> In_Überprüfung : Review (Überprüfung)\ngestartet
In_Überprüfung --> Entwurf : Nachbesserung\nnötig
In_Überprüfung --> Genehmigt : Freigabe OK
In_Überprüfung --> Abgelehnt : nicht notwendig,\nnicht umsetzbar
Genehmigt : *Relevante Attribute einfrieren.\n*Baseline wird erstellt mit
Rückverfolgbarkeit
In_Überprüfung -[#red]left-> Veraltet: Im Zuge eines CRs\n(Regel 10)
Genehmigt -[#red]-> Entwurf : Änderungsanfrage initiieren\n(Regel 10)
note on link
  Der einzige Weg
  relevante Attribute
  kontrolliert zu ändern
end note
@enduml
```

Abbildung 2-24 Prozess Änderungen managen

```
@startuml
title "Exemplarischer CR Prozess"
start
repeat
partition "Change Request Mgmt\n(CR / CCB)" {
  :CR anlegen, wenn noch nicht vorhanden\n(Begründung, Nutzen, IST vs SOLL);
  :Basierend auf bereits gewonnenen Daten:\n*Impact-Analyse
durchführen\n*Safety/Security/Regulatory prüfen\n*Risiko bewerten;
  if ("CCB Entscheidung\nCCB genehmigt?") then (Ja)
    :*Alle identifizierten Artefakte aktualisieren\n*Umsetzen und Integrieren;
  else (Nein)
    :CR ablehnen oder aufschieben (mit Begründung/Entscheid);
    :Status aller identifizierten Artefakte aktualisieren;
    stop
  endif
}
partition "Test / Validierung" {
  :Systemqualifikationstest und / oder Validierung durchführen;
  if ("Ergebnis bestanden?") then (Ja)
    :Nachweis ablegen;
    stop
  else (Nein)
    :Abweichung dokumentieren, Fehlerticket eröffnen;
  endif
}
partition "Problemlösung (Problem Resolution)" {
  :Ursachenanalyse (Root Cause);
  if ("Korrektur ohne Anforderungs,-\nDesignänderung möglich?") then (Ja)
    :Implementierung veranlassen;
    if ("Re-Test: Bestanden?") then (Ja)
      :*Ticket schließen\n*Auslieferung an den Kunden;
      stop
    else (Nein)
    endif
  else (Nein)
  endif
  :CR Anpassung erforderlich;
}
@enduml
```

Abbildung 2-25 USB-Webcam CR, Rückverfolgbarkeit, Einflussanalyse

```
@startmindmap
title USB Webcam – Einfluss-Analyse des CR 0815\nWelche Artefakte sind betroffen
* USB\nWebcam
**[#lightblue] Bedürfnis:\n*Gute Bildqualität\n*Gute Tonqualität
*** CR 0815\n-> Erweiterung auf 4k
**** Impact\nAnalyse
***** IMP001 V1\n(Fachbereich n)
***** IMP002 V1\n(Fachbereich m)
***** IMP00x ...
***[#dff9cd] VA001\nValidierung\n-> Erweiterung mit 4k
***[#lightyellow] SYS001\n1080p/30fps\n-> Erweiterung auf 4k
****[#e2c8f3] Kameralinse (Optik)\n-> Erweiterung:\noptische Anforderungen
prüfen
****[#e2c8f3] Bildsensor\n-> Erweiterung: 4K-Sensor,\nDatendurchsatz, Wärme
****[#e2c8f3] USB (Typ C)\n-> Erweiterung:\nBandbreite, UVC-Kompatibilität
****[#e2c8f3] Betriebssystem (OS)\n-> Erweiterung:\nTreiber, UVC-Handling
****[#e2c8f3] Konferenzsoftware\n(Teams/Zoom/Webex)\n->Erweiterung: 4K-
Erkennung
****[#b7edac] Story D\n-> Erweiterung:\nneue Story notwendig
***** Lieferung\nplanen
****[#f6d9d4] TC001 (Systemqualifizierungstest)\n-> Erweiterung: 4k
@endmindmap
```

Abbildung 2-26 USB-Webcam CR Traceability

```
@startmindmap
title USB Webcam – CR 0815 Traceability
* USB\nWebcam
**[#lightblue] Bedürfnis:\n*Gute Bildqualität\n*Gute Tonquali-tät
***[#dff9cd] VA001 V1
***[#lightyellow] SYS001 V3
****[#e2c8f3] Kameralinse (Optik) Vx
****[#e2c8f3] Bildsensor Vx
****[#e2c8f3] USB (Typ C) Vx
****[#e2c8f3] Betriebssystem (OS) Vx
****[#e2c8f3] Konferenzsoftware\n(Teams/Zoom/Webex) Vx
****[#b7edac] Story D
***** Lieferung B
****[#f6d9d4] TC001 V1
*** CR 0815
****[#dff9cd] VA001 V1+n
****[#lightyellow] SYS001 V3+n
*****[#e2c8f3] Kameralinse (Optik) Vx+n
*****[#e2c8f3] Bildsensor Vx+n
*****[#e2c8f3] USB (Typ C) Vx+n
*****[#e2c8f3] Betriebssystem (OS) Vx+n
*****[#e2c8f3] Konferenzsoftware\n(Teams/Zoom/Webex) Vx+n
*****[#b7edac] Story X
****** Lieferung X
*****[#f6d9d4] TC001 V1+n
@endmindmap
```

Abbildung 2-27 USB-Webcam Baseline Lieferung B und D

```
@startuml
title "Baseline: Lieferung B und D"
node "Bedürfnis / Stakeholder REQ" {
  agent ST001_V1
  agent CR0815_V1
}
node SYS001 {
agent SYS001_V1
agent SYS001_V2
agent SYS001_V3
agent SYS001_V4
}
node Baselines {
cloud #blue;text:white "<b>Baseline Lieferung B" as BSL_1
cloud #red;text:white "<b>Baseline Lieferung D" as BSL_2
}
node "bi-direktionale Links" {
agent "Q: ST001_V1\nZ: SYS001_V3" as lnk1
agent "Q: CR0815_V1\nZ: SYS001_V4" as lnk2
}
'Linkbeziehungen'
ST001_V1 .. lnk1
SYS001_V3 .. lnk1
CR0815_V1 .. lnk2
SYS001_V4 .. lnk2
'Systemanforderung'
SYS001_V1 ..> SYS001_V2
SYS001_V2 ..> SYS001_V3
SYS001_V3 ..> SYS001_V4
'Baseline BSL_1'
BSL_1 -[#blue]up-> SYS001_V3
BSL_1 -[#blue]up-> ST001_V1
BSL_1 -[#blue]up-> lnk1
'Baseline BSL_2'
BSL_2 -[#red]up-> SYS001_V4
BSL_2 -[#red]up-> CR0815_V1
BSL_2 -[#red]up-> lnk2
@enduml
```

Glossar - Begriffserklärungen

Abnahme / Validierung – Prüft im realen Nutzungskontext, ob das Produkt das tatsächliche Stakeholder-Bedürfnis erfüllt.

ADC - (Analog-Digital-Converter): Ein ADC wandelt kontinuierliche analoge Signale (z.B. Schallwellen vom Mikrofon) in diskrete digitale Signale um, die von Computern verarbeitet werden können.

Akzeptanzkriterium – Messbare Bedingung, anhand derer entschieden wird, ob eine Anforderung erfüllt ist.

Anforderung – Strukturiertes Datenobjekt mit Attributen wie ID, Version, Text und Prüfkriterien.

Anforderungs-ID – Stabile Kennung einer Anforderung, Grundlage für verlässliche Rückverfolgbarkeit.

API – Application Programming Interface

API-fähige Datenquelle – Zentrale, maschinenlesbare Ablage, die konsistente Daten, KI-Verarbeitung und Traceability ermöglicht.

ASIL – Automotive Safety Integrity Level: Risiko Klassifizierung nach ISO 26262 (Funktionale Sicherheit) in der Automobil Branche.

ASPICE – Automotive SPICE (Software/System Process Improvement and Capability Determination)

Baseline – Eingefrorener, freigegebener Stand eines Dokuments oder einer Anforderung.

Bedürfnis – Noch ungefilterer, oft impliziter Wunsch eines Stakeholders, der später zu Anforderungen wird.

Belichtungsanpassung – Automatische Anpassung der Kamera an Änderungen der Lichtverhältnisse.

CCB (Change Control Board) – Gremium, das über Änderungsanfragen entscheidet.

Checkliste – Hilfsmittel zur Prüfung von Anforderungen anhand der festgelegten Qualitätsmerkmale.

E. Walter, *Schnelleinstieg Requirements Engineering – Die 10 goldenen Regeln*, IT kompakt, https://doi.org/10.1007/978-3-658-51998-8

CR – Change Request (Änderungsanfrage)

DAC - (Digital-Analog-Converter): Ein DAC wandelt digitale Signale zurück in analoge Signale um, die von Geräten wie Lautsprechern wiedergegeben werden können.

DAL – Design Assurance Levels (gebräuchlich in der Luftfahrt)

Datenqualität – Vollständigkeit, Konsistenz und Maschinenlesbarkeit aller RE-Informationen als Voraussetzung für KI, Metriken und Traceability.

Datenschutz – Rahmenbedingung, die z. B. eine sichtbare LED-Anzeige bei aktiver Kamera erfordert.

Definition (V-Modell) – Phase, in der Bedürfnisse, Anforderungen und Systemdesign entstehen.

DO-178C / DO-254 / DO-326A / DO-356A – Luftfahrt-Normen

DSP - (Digital Signal Processor): Ein DSP ist ein Mikroprozessor, der speziell für die schnelle und effiziente Verarbeitung digitaler Signale optimiert ist, oft zur Manipulation von Audio- oder Videodaten in Echtzeit.

Enum-Werte – Normierte Wertelisten ohne Freitext, die konsistente Attribute sicherstellen.

Erfolgskriterium – Bedingung, unter der ein Use Case erfolgreich abgeschlossen ist.

FMEA – Failure Mode and Effects Analysis: Methode zur Analyse von Fehlermodi, aus denen systematisch Anforderungen abgeleitet werden.

Fehlermodus – Unerwünschtes Verhalten eines Systems, das in der FMEA betrachtet wird.

Fehlerart – Typischer Mangel einer Anforderung, z. B. fehlende Atomarität oder unklare Prüfbarkeit.

Fehlerticket – Dokumentierte Abweichung in der Verifikation, die Rückschluss auf unpräzise oder fehlende Anforderungen geben kann.

FPS – Frames per Second.

Genehmigungsstatus – Zeigt an, dass eine Anforderung alle Prüfungen durchlaufen und freigegeben wurde.

HARA – Safety-Analyse zur Identifikation sicherheitsrelevanter Anforderungen.

Hardware– Physische Komponenten eines Systems (elektronische Komponenten).

HW – siehe Hardware.

IEC – Internationale Elektronische Kommission.

Impact-Analyse – Prüfung, welche Artefakte von einer Änderung betroffen sind, gestützt durch Traceability.

In-Scope – Bedürfnis oder Element, das direkt durch das System beeinflusst wird und Teil des Umfangs ist.

Integration – SW Integration: Zusammenführen neuer oder geänderter Software-Teile inklusive ihrer Schnittstellen in den Gesamtstand, so dass sie im Gesamtsystem konsistent funktionieren.

ISO – Internationale Norm für Normung

ISO 21502 – Norm, die Leitlinien für das Entscheiden von Projektänderungen bereitstellt.

ISO 25010 – Norm, die Qualitätsmerkmale für Anforderungen definiert.

ISO 29148 – Norm, die definiert wie gut formulierte Anforderungen beschrieben sind.

ISP - (Image Signal Processor): Ein ISP ist ein spezialisierter Prozessor, der Rohdaten von einem Bildsensor in ein fertiges, visuell optimiertes Bild oder Video umwandelt.

Kano – Klassifiziert Produktmerkmale nach ihrer Fähigkeit, Kunden zufrieden zu stellen oder zu begeistern.

Kategorisierung – Einordnung einer Anforderung in z. B. funktional, nicht-funktional oder regulatorisch relevant.

Konsistenz – Zustand, in dem Anforderungsteile nicht widersprüchlich zueinander sind.

KVP (Kontinuierlicher Verbesserungsprozess) – Systematischer Prozess zur nachhaltigen Qualitätssteigerung basierend auf Metriken und Maßnahmen.

Linkbeziehung (Trace-Link) – Verbindung zwischen Artefakten wie Bedürfnis, Anforderung, Design, Test oder Ticket.

Maßnahme – Konkret umgesetzte Verbesserung aufgrund erkannter Fehlerarten.

MBSE – Model Based Systems Engineering. Modellbasierter Ansatz zum Entwickeln komplexer Systeme.

MDR – Medical Device Regulation.

ME – Mechanische Komponenten eines Systems.

Mermaid – JavaScript-basiertes Open-Source-Tool, das Diagramme aus textbasierten Beschreibungen (Modellierungssprache) erzeugt.

Metrik – Messgröße, die Reifegrad, Qualität oder Fortschritt im Requirements Engineering abbildet.

Modultest – Test einzelner Komponenten gemäß rechtem Ast des V-Modells.

NA – Not applicable (nicht anwendbar).

Nachweis (Verifikation) – Dokumentation, dass die Umsetzung die spezifizierte Anforderung erfüllt.

Nicht-funktionale Anforderung – Qualitätsbezogene Anforderung wie Performance, Robustheit oder Nutzbarkeit.

OS – Operating System.

Out-of-Scope – Elemente oder Bedürfnisse, die nicht zum Systemumfang gehören.

Pareto-Analyse – Auswertung zur Identifikation der häufigsten Fehlerarten zur Fokussierung von Verbesserungsmaßnahmen.

PlantUML – Open-Source-Tool, das Diagramme aus einer einfachen textuellen Modellierungssprache erzeugt.

Plug & Play (UVC) – Fähigkeit, ohne Treiberinstallation innerhalb weniger Sekunden genutzt werden zu können.

PO – Product Owner (Für das Produkt verantwortliche Person).

QA – Quality Assurance. Systematische Qualitätssicherung mit dem Ziel, dass Prozesse und Ergebnisse den definierten Qualitätskriterien entsprechen.

Qualitätsmerkmal einer Anforderung – Kriterien wie eindeutig, vollständig, verifizierbar oder atomar.

QFD – Methode, die Bedürfnisse in technische Merkmale übersetzt.

QM – Qualitätsmanagement.

RE – Requirements Engineering.

REQIF – Requirements Interchange Format (Standardformat zum strukturierten Austausch von Anforderungen).

Regulatorische Relevanz – Kennzeichnung, dass eine Anforderung aus Normen, Gesetzen oder Zulassungspflichten entsteht.

Reuse – Wiederverwendung von Anforderungen in anderen Projekten, Produktvarianten etc.

Review – Formale Prüfung einer Anforderung anhand der Qualitätsmerkmale aus Regel 3.

RICE – Priorisierungsmethode die nach Reach (Reichweite), Impact (Auswirkung), Confidence (Vertrauen) und Effort (Aufwand) bewertet.

Rückverfolgbarkeit (Traceability) – Durchgängige Verlinkung aller Artefakte entlang des Entwicklungsprozesses.

R155 / R156 – UNECE Regularien (Automotive Cybersecurity und Software Updates)

Safety – Betrachtung sicherheitskritischer Funktionen mit potenzieller Gefährdung für Menschen oder Sachwerte.

Satzschablone – Struktur wie „<System> muss <Fähigkeit> <Bedingung>“, die klare und prüfbare Anforderungen erzeugt

Schnittstellen – Definierter Übergabepunkt zwischen Systemen, der festlegt, welche Daten in welchem Format übergeben werden und unter welchen Regeln die Kommunikation erfolgt.

Scope – Abgegrenzter Umfang dessen, was das System leisten soll.

SIL – Safety Integrity Level.

Stakeholder – Personen oder Rollen, deren Bedürfnisse Grundlage für Anforderungen sind.
Statusmodell – Modell, das den Lebenszyklus einer Anforderung beschreibt, z. B. Entwurf, In Review, Genehmigt, Veraltet.
Systemgrenze – Abgrenzung, welche Elemente zum System gehören und welche zur Umgebung.
SW – Software Komponenten eines Systems.
SYS – Prefix für Systemanforderungen.
SysML - Systems Modeling Language, basierend auf UML 2, grafische Modellierungssprache zum Erstellen von komplexen Systemen. Sie wurde speziell für das modellbasierte Systems Engineering (siehe MBSE) entwickelt.
TARA – Threat Analysis and Risk Assessment: Analyse zur Ermittlung von Cybersecurity-Bedrohungen und Ableitung von Security-Anforderungen.
Testfall – Konkrete Prüfanweisung zur Verifikation einer spezifischen Anforderungsversion.
Traceability-Matrix – Übersicht über die Verlinkungen zwischen Anforderungen, Design, Umsetzung, Tests und Tickets. Siehe auch V-Modell.
UNECE - United Nations Economic Commission for Europe.
UC - Use Case: Anwendungsfall, Beschreibung eines Nutzungsszenarios aus Sicht eines Stakeholders.
UVC (USB Video Class) – Standard, der USB-Videogeräten automatische Erkennung und Nutzung ermöglicht.
Validierung – Prüfung, ob das System das richtige Produkt für die tatsächlichen Nutzerbedürfnisse ist.
Verifikation – Prüfung, ob die implementierte Lösung die spezifizierten Anforderungen korrekt erfüllt.
Versionierung – Dokumentation der zeitlichen Entwicklungsstufen einer Anforderung.
V-Modell – Vorgehensmodell, das Definition (links) und Nachweisphasen (rechts) gegenüberstellt.
WSJF (Weighted Shortest Job First) – Priorisierung nach Kosten und Aufwand.

Literatur

Fachliteratur

- Marcus Grande: 100 Minuten für Anforderungsmanagement, 2. Auflage, Springer Vieweg, 2014, ISBN 978-3-658-06434-1, DOI 10.1007/978-3-658-06435-8
- Iris Gräßler, Christian Oleff: Systems Engineering Verstehen und industriell umsetzen, Springer Nature 2022, ISBN 978-3-662-64516-1
- Anja Metzner: Software-Engineering – kompakt, Carl Hanser Verlag, 2020, ISBN 978-3-446-45949-6
- Marcus Winteroll: Requirements Engineering für Dummies, WILEY-VCH GmbH, 2021, ISBN 978-3-527-71635-7
- Greßler, Göppel: Qualitätsmanagement „Eine Einführung“, 8. Auflage, Bildungsverlag EINS GmbH, Köln, ISBN 978-3-8237-4795-6
- Automotive SPICE Process Reference Model Version 4.0, VDA Working Group 13

WWW Links

- https://deutsches-wirtschaftsinstitut.de/lexikon/kundenzufriedenheit/
- https://www.orghandbuch.de/Webs/OHB/DE/OrganisationshandbuchNEU/4_MethodenUndTechniken/Methoden_A_bis_Z/Stakeholderanalyse/Stakeholderanalyse_node.html#doc21101638bodyText1
- https://visuresolutions.com/de/Almf%C3%BChrer/Lebenszyklusmanagement-von-Anforderungen/
- https://quality.arc42.org/articles/iso-25010-update-2023
- https://www.vdi.de/mitgliedschaft/vdi-richtlinien/programme-zu-vdi-richtlinien/vdi-2206
- https://plantuml.com/de/use-case-diagram
- https://plantuml.com/de/component-diagram
- https://learn.microsoft.com/de-de/azure/devops/boards/get-started/what-is-azure-boards?view=azure-devops
- https://www.vector.com/de/de/produkte/produkte-a-z/software/preevision/anforderungen-requirements/#

E. Walter, *Schnelleinstieg Requirements Engineering – Die 10 goldenen Regeln*, IT kompakt, https://doi.org/10.1007/978-3-658-51998-8

Zeitfracht Medien GmbH
Ferdinand-Jühlke-Straße 7
99095 Erfurt, Deutschland
produktsicherheit@kolibri360.de